自ら「商談」をつくり、確実に受注する技術とは

上手な「商談」のつくり方・すすめ方

船井総合研究所
片山和也

同文舘出版

これらは、一般消費者向け営業、法人営業を問わず求められることです。

たとえば法人営業の場合、そのほとんどは担当先が決まっているルートセールスです。その場合、いわゆる「数字の上がるお客」を担当することができれば、営業マン自身のスキルが低くても数字を上げることはできます。しかしこれは、「売っている」のではなく「売れている」状態です。自ら「売っている」状態をつくり出してこそ、本当のプロ営業なのです。

また、一般消費者向け営業の場合でも同じです。最近では〝飛び込み営業〟から〝集客営業〟が主流になってきています。〝集客営業〟とは、立派な展示場やショールームにお客を引きつけ、集客できたお客に営業をかけるというスタイルの営業のことです。ビジネスモデルという視点で考えた場合、こうした仕組みも重要なことです。しかし、あくまでも営業力の視点で考えた場合、こうした仕組みがなくても数字がつくれるスキルを、営業マンとして備えておくべきなのです。

このように、営業マンにとって必須のスキルと言える「商談をつくる」、「商談をすすめる」という技術について、営業の初心者からプロの方までを対象に、わかりやすくまとめたのが本書です。

本書では、「いかに商談をつくり」、「いかに商談をすすめて」受注に至らせるのか、というポイントにこだわり、執筆を進めました。「いかに商談をつくるか」というポイントについては、ターゲティングと攻略作戦の立て方、アプローチの方法、情報発信からニーズ把握の方法までをわかりやすくまとめました。さらに「いかに商談をすすめ」受注するのかというポイントについては、提案のやり方から見積りの出し方、クロージングのテクニックについてまとめています。

また、「商談づくり」をすすめるうえで強力な武器となる、営業ツールのつくり方や提案書のまとめ方、さらにプレゼンテーションのテクニックから営業をバックアップするための各種企画のすすめ方まで、あらゆる視点・角度からいかに商談をつくり、そして受注するのかということをまとめました。さらに本書では、こうしたノウハウを100のポイントにまとめ、ポイントごとに「ダメなパターン」と「よいパターン」を、それぞれイラストで示しました。

したがって本書は、新入社員からベテランまで、また現場の営業マンから営業企画などのスタッフ部門の方まで、広く応用できる内容となっています。また、こうしたノウハウやテクニックは、すべて私自身が顧問先でコンサルティングの結果ルール化したこと、実際に成果を上げている手法ばかりです。みなさんの営業現場でも同様の成果を上げることができるはずです。

現在は、ビジネスマン自身の市場価値が強く求められる時代です。そして営業力は、最大のビジネススキルです。本当の意味での営業力さえ身に付けることができれば、どのような仕事でも食べていくことはできます。本書が、みなさんの営業力を磨き、自らの市場価値向上に貢献することを著者として心より願っています。

2009年3月

株式会社船井総合研究所　シニアコンサルタント　片山　和也

上手な「商談」のつくり方・すすめ方　もくじ

5章 相手の心を開く情報発信・ヒアリングのポイント

6章 受注するための提案・見積りのポイント

7章 商談が生まれる営業ツールのポイント

8章 提案書の作成とプレゼンのポイント

9章 クロージングのポイント

10章 事後フォローのポイント

装丁／藤瀬和敏
本文イラスト／駒見龍也

1章

なぜ商談づくりが大切なのか

1-1

営業活動で最も重要なこと

営業活動において最も重要なことは「商談」をつくることです。もちろん、営業マンにとって最終的な目的は、売上げを上げて営業予算を達成することです。

しかし、売上げは上げようと思って上げられるものではありません。売上げを増やすためには、その前段階である「商談」を増やさなければなりません。「商談」が受注に至る可能性（売上げに至る可能性）というのは確率論です。すなわち、手持ち商談が多ければ多いほど、売上げも上がるということです。

しかも、「商談」は努力すれば増やすことができます。商談を増やすためには、商談の前段階である「引合い」、さらにはその前段階である「情報発信」を増やせばいいのです。情報発信は、商品ＰＲという形をとることが多いのですが、その目的は引合いの獲得です。引合いから見積提出に至れば、それは商談となります。

いずれにしても、「売上げを増やそう！」と思って活動しても、なかなか成果にはつながりません。なぜなら、売上げは営業活動の結果にすぎないからです。それよりも、売上げを生み出す最大の要素である「商談」を増やす努力をすることが、結果的に売上アップにつながるのです。ただし、単に情報発信を増やしたからといって商談が増えるかどうかは別問題です。

なぜなら、情報発信のやり方がまずいと商談には至らないからです。たとえば、その顧客にとって、何ら興味のない情報を発信したところで引合いには至らないでしょうし、そもそも人間関係がきちんとできていなければ、商談に至ることはありません。

ちなみに商談とは、「見積価格と納期が決定した引合い案件」のことを指します。どれだけ受注できるかというのは、あくまでも確率論です。受注に至るパーセンテージが人によって異なるという点はあるものの、商談が多ければ多いほど受注に至る確率は高まるのです。つまり営業マンは、「売上げをつくる」ということよりも、「商談をつくる」という目標のもとに動いたほうが、成果を出しやすいのです。まさに営業は、「商談に始まり商談に終わる」と言っても過言ではないでしょう。

BAD
売上げ
商談数
うわー、売上げが下がってきた。とにかくまわらなきゃー！
ウチは要らないよ!!
来なくていいよ!!
ウチも要らない!!
無計画

GOOD
売上げ
商談数
売上げは少し落ちてきたけど、日頃の情報発信の成果で商談は増えてきたな。今週もスケジュールは埋まったし、来週のアポをとるか！
7月
1 A社訪問
2 プロジェクト会議
3 B社打合せ
4 C社プレゼン
5 営業会議
6
7
計画的!!

1-2 商談は多ければ多いほどよい

前項でも述べた通り、手持ち商談は多ければ多いほど有利です。それは単なる確率論だけの話ではなく、営業マンの精神衛生上の面からも言える話です。

たとえば、商談がひとつしかないと、その商談にしつこく執着してお客を追い回すことになります。これは、最も嫌われ迷惑がられる最悪の営業パターンです。あるいはお客から足元を見られ、必要以上の値引き要求を受けることにもつながります。

さらに、次の商談の種まきにまで気持ちの余裕がまわらなくなり、そうなると数字も上がらず、先の展望が開けないという悪循環のサイクルが生まれます。

逆に売れている営業マンは、手持ち商談を多く持っているのが一般的な姿です。手持ち商談が多いからひとつの商談に執着することなく、冷静に余裕を持ってクロージングをかけることができます。また、空いた時間を活用して次の商談づくりに取り組むことができます。

そうすると、次から次へと受注が決まる好循環のサイクルが生まれてくるのです。

ビジネスは何でもそうですが、気持ちに余裕が持てないとなかなか成果は上がりません。営業の場合は、とくにそれが当てはまります。だからこそ、普段からの商談づくりが大切なのです。

私の経験からお話しすると、私は船井総研に入る前は商社で工作機械の営業をしていました。工作機械は平均単価が1450万円と、トラックで運べる商品の中では最も高単価であり、受注するためにはそれなりの経験やスキルが求められます。営業に出てまもなく、その当時の上司から「商談は果物と同じや、触れば触るほど痛むのや」と言われました。その上司は、私がいた関西支社の中でも有数のトップセールスマンでしたが、その上司の言葉は今でも私の脳裏に残っています。確かにその上司が言う通りで、それは今の仕事でコンサルティングの受注をとる際にも、まったく同じことが言えます。

商談をつくり、クロージングのためにやることだけをやったら、後は注文が転がり込んでくるのを待つのが営業のセオリーなのです。

BAD
商談
もうこれしか
商談がない。
絶対に
とらなきゃ…。
ちゃんと
育ててよ…
営業の木

GOOD
商談
商談
商談
商談
商談
商談
商談
落ちてくる
商談を
キャッチ!!
育てたかいが
あった！
営業の木
商談
商談
情報発信の肥料

1-3

御用聞き・価格競争ではダメな時代が来た

また、自ら商談をつくろうとすると「御用聞き営業」ではだめで、「提案営業」によってこちらから仕掛けていく必要があります。とくに法人営業のルートセールスの場合、えてして営業マンが御用聞きになりがちです。法人営業の場合は継続的取引が前提となるため、顔を出すだけで何らかの形で引合いをとることができるからです。こうした「御用聞き営業」を続けていると、自然と「価格競争」スタイルの営業マンとなってしまいます。

なぜなら、お客の側から見て、言われたことしかできない営業マンには魅力が感じられず、その結果、人間関係も構築されにくいからです。お客との人間関係ができない結果、商品の価格だけで判断されてしまうことになるのです。それでは営業マンの意味がありません。

こうした話をすると「ウチの商品は差別化できないから価格競争しか無理だ」と言われる方がいます。

私は　家電・自動車・ＯＡ機器・印刷・生産財関連のメーカー、あるいは商社など、ありとあらゆる企業で営業研修を手がけてきましたが、その経験から言っても世の中に差別化できない商品などありません。どの企業にせよ、その会社の中で〝トップセールス〟と言われている人にヒアリングすると、何らかの形で差別化を図り、価格競争を回避していることがわかります。彼らに共通して言えることは、何らかの形で情報発信を重ね、自らの手で商談をつくっているのです。

なかには、生まれつき対人コミュニケーションのセンスがあり、とくに努力をしなくても数字がつくれる人がいるかもしれません。

しかし、自分の成功要因を人に説明できないようなやり方では、歳を重ねて部下を持つ立場になったとき、具体的に指導を行なうことができません。自分の成功要因を見つめ直す意味でも、商談のつくり方、すすめ方については体系的に押さえておく必要があります。

いずれにしても、今は日本経済全体が成熟期を迎えています。かつての成長期とは異なり、営業マン自身にも差別化要素が求められることを頭に入れておかなければなりません。

BAD
御用聞き・価格競争
価格だよ価格！
車なんてどこのでも同じだよ！
はぁ…
総務部

GOOD
営業提案・価格競争の回避
御社のように配送頻度が高い営業スタイルだと、こちらの車種のほうが小回りがいいですね！
なるほどね
この人と付き合っておけばメリットがありそうだな
お客
営業マン

「販売」と「営業」の違いとは？

1-4

先ほどの項で「価格競争」はダメだと述べましたが、この点について、もう少し考えてみたいと思います。

たとえばみなさんは、「販売」と「営業」の違いについてご存知でしょうか。「販売」と「営業」は同じような用途で使われていますが、その意味はまったく違います。

「販売」とは、こちらから主体的に売り込むのではなく、あくまでも〝引合い対応〟により商品を売る行為を指します。それに対して「営業」とは、こちらから主体的に売り込む行為のことを指します。たとえば「コンビニの店員が販売をする」とは言っても、「コンビニの店員が営業をする」とは言わないはずです。

また、「販売」の場合は商品の価格が常に決まっていますから、そこで価格競争の回避を行う必要がありません。たとえばコンビニで、「105円です」と言われて、「この端数の5円負けて」というお客はまずいません。いたとしても、それに対応する店員は皆無でしょう。

それに対して「営業」の場合は、〝端数〟で見積りを出すとほぼ間違いなく値切られます。値切られるということは、そこで価格競争の回避を行なう必要が発生するということなのです。

一概には言えませんが、一般的に「販売」よりも「営業」のほうがスキルや技術を要する場合が多く、その結果、アルバイトよりも正社員が「営業」を行なうケースが多いのです。

このように、商品を売るという行為に関しては同じものの、「営業」が販売と異なる点は、

①こちらから主体的に売り込む

②価格競争を回避する

という2点になります。言い換えると、これらのことは「商談をつくる」という行為に直結します。同時に「価格競争を回避して商談を決める」ということなのです。ですから、自ら「営業マン」を名乗るのであれば、「商談を自らつくる」、「価格競争を回避する」ということがその条件であることを、強く意識しておく必要があります。

引合い対応は営業ではなく「販売」

BAD
はいはい。
じゃあ、FAX 入れておきます
早く外へ出ろよな…
部長

「営業」は外へ出て商談をつくるのが仕事

GOOD
行ってきます!!
おお、あいつは
数字を上げてるからな…
部長
提案書

1-5

自分の気持ち次第ですべてが決まる営業の仕事

先に「販売」、「営業」の仕事について述べましたが、私は「営業」という仕事は「タクシー運転手」と非常に共通点があるのではないかと思っています。それは、①誰でもできる、②しかし、心がけひとつで成果が大きく変わる仕事だからです。

たとえば、売上げの悪いタクシーの運転手は常に「待ち」の姿勢です。駅のロータリーで何時間も並んでお客を待ち、運よく長距離のお客に当たればラッキーといったところです。運悪く近距離のお客に当たると無愛想に対応する、そんな運転手です。このような運転手は、だいたい運転が下手で、「不景気ですね」が口癖です。しかも、なぜか赤信号によくつかまります。

逆に、売上げのよいタクシーの運転手は常に「攻め」の姿勢です。長距離が見込めそうな官庁街や大企業のオフィス周辺、タクシーのロータリーがないような駅の周りを流しています。また、檀家を回るお寺の住職など、固定客となりそうなお客には意識して自分のドライビングテクニックや裏道の知識を見せ、次回から指名してもらえるような努力をしています。

こうした運転手は運転もうまく、しかも赤信号になかなかつかまりません。信号の変わるタイミングを頭に入れており、それを考慮して走らせているからです。

この例からわかるように、一見誰がやってもできるような仕事、誰がやっても結果が変わらないように見える仕事でも、その人の心がけひとつで結果が大きく変わるのです。営業の仕事はまさにそうした仕事と言えるでしょう。

営業という仕事は技術者や職人の世界とは違い、誰でもできる仕事の代名詞です。それだけに本人の心がけが重要で、「ウチの製品は高いから売れない」、「不景気だから売れない」と思っていたらその通りになります。

そうではなく、「いかにお客のニーズを見つけるか」「いかに商談に結びつけるか」ということをいつも考え、強く意識しながら、営業に当たらなければならないのです。営業は、自分の気持ち次第ですべてが決まると言えるのです。

BAD
そんな考え方じゃ売れないよ!
どうせ不景気だし、訪問してもムダだよな…

GOOD
さすが!!
そうか、工作機械業界が伸びているのか…
○×機械工業
提案書
パッ
新聞

1-6 商談をつくるための営業プロセス

では、営業活動において自ら商談をつくるために必要なことは何でしょうか。それは、以下のプロセスで営業活動を行なうことです。

最初のステップである「ターゲティング」は、顧客のランク分けを行ない、訪問の優先順位をつける段階です。「作戦立案」とは、〝お客がどのようなことで困っているか〟、〝どのような情報を持っていけば喜ぶか〟という情報発信のための〝ネタ〟を考えることです。さらにその〝ネタ〟をもとに、どのようにお客にアプローチをするかを考える段階です。ここまでが、営業活動における事前準備と言えるでしょう。次に、お客に対してアプローチを行ない、アポをとるなどして訪問します。既存顧客へのアプローチはそれほど問題はないと思いますが、とくに新規顧客へのアプローチの仕方、アポのとり方などについては、項を改めてくわしく説明します。

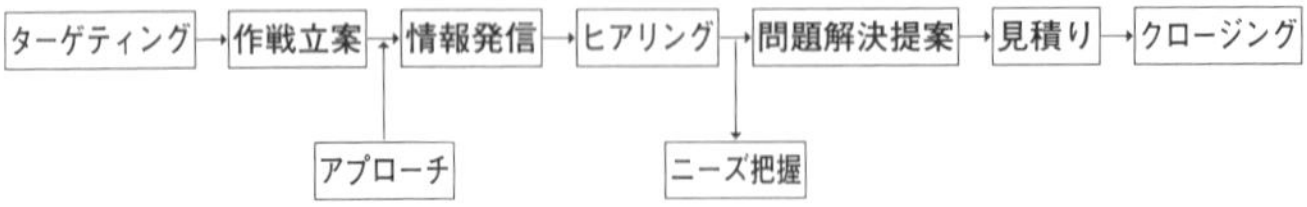

ターゲティング
作戦立案
情報発信
ヒアリング
問題解決提案
見積り
クロージング
アプローチ
ニーズ把握

訪問してまず行なうことは「情報発信」です。ただしこのとき、一方的に商品PRを行なうのではなく、いかに相手のガードを下げさせるか、いかに相手に聞く耳を持たせるかということが重要なポイントになります。さらに「ヒアリング」を行なってお客が抱えているニーズの把握を行ないます。つまり、「情報発信」と「ヒアリング」の目的はニーズ把握を行なうことなのです。

相手のニーズを把握したら、次にそのニーズを満たせるような「問題解決提案」を行ないます。これは、その後の「見積り」につながるものです。「見積り」を行なったら、適切なタイミングで「クロージング」をかけて受注に持ち込みます。以上の流れが〝商談をつくるための営業プロセス〟となります。この営業プロセスにおける最大のポイントは、いかにお客のニーズを把握するか、ということです。言い換えると、お客からいかに「宿題」をもらうかということであり、そのためには「情報発信」のすすめ方が重要になります。

BAD
売り込んだら嫌われる
じゃあ、検討しておきます！
結構です！
えっ？
あ、あのお見積りはどうでしょう…
何だよ売り込みばかり…
お客
カタログ
トントン
営業マン

GOOD
とにかく「宿題」をもらうのがポイント
いや、商談にはならないと思うけど、調べてほしいことがあるんだよね
ええ、何でもおっしゃってください!!
チャンス！
この人は誠実そうだな…
お客
提案書
営業マン

1-7 アプローチのポイント

前項でも少し述べましたが、アプローチとは電話でアポをとるなどして、お客のところに訪問するための準備を指します。たとえば配送を伴うようなルートセールスで、毎日決まった顧客のところに訪問している人については、このアプローチはさして問題にならないと思います。しかし、アポなしで訪問をしても面談してもらえないパターンの営業や、あるいは新規開拓を主体とした営業については、とくに初期段階においてどのようにアプローチするかが大きなポイントとなります。

新規客へのアプローチの方法としては、大きく**①アポなし飛び込み営業**、**②事前アポとり営業**の2つに分けられます。よく「飛び込みがいいか、アポとりがいいか」と議論になりますが、今の時代は間違いなく〝事前アポとり営業〟を行なうべきでしょう。〝飛び込み営業〟だと、相手が大手企業であれば、100％守衛に足止めされてしまうし、今や一般消費者相手の営業でも、ほとんどの会社が事前にTELアポをとって訪問する時代です。既存客の場合であっても、基本は事前にきちんとアポをとってから訪問を行なうべきでしょう。

1日の訪問先すべてについてアポをとることは難しいかもしれませんが、朝一番の訪問や昼一番、夕方最後の訪問などはアポをとり、その前後の時間をアポなしの訪問で埋めるなど、アポとりを主体としたアプローチを行なうべきです。

アプローチを行なうようにしても、その前にそのお客が持っているニーズが何かを想定し、それをもとにアプローチのための作戦を立てなければなりません（＝作戦立案のプロセス）。きちんと相手のニーズを想定し、作戦立案ができていれば〝飛び込み営業〟のようないきあたりばったりの動きをしなくても、きちんと事前にアポをとることができるはずなのです。

とくに新規開拓の場合においては、こちらからだけ一方的にアプローチを行なうのではなく、お客のほうから問い合わせが来るような仕組みをつくることも考えていかなければなりません。商談をつくるうえでどのようなアプローチを行なうかは、重要なポイントになるのです。

アポなし訪問はお客が迷惑

既存客でもアポをとる

ニーズ把握とは何か

1-8

商談をつくるためのポイントは、先にも述べましたがお客から何らかの〝宿題〟をもらうことです。お客からもらう〝宿題〟とは、「今こんなことで困っているのだけど解決の方法はない？」ということ、あるいは「こんなことができる製品ってないの？」といった、お客にとってのニーズなのです。すなわち、「ニーズ把握」を行なうことが商談づくりのための第一歩と言えます。

このニーズ把握を行なうために必要なのが、その前のプロセスである「情報発信」なのです。まずは「情報発信」を行ない、お客にとってのメリットを訴求したうえで、お客の真のニーズをつかむための「ヒアリング」を行ないます。「ヒアリング」は、いくつかの効果的な質問をお客に対して投げることで行ないます。

したがって、「情報発信」の目的は「ヒアリング」であり、「情報発信」を行なうことにより、お客へのヒアリングのきっかけをつかむことがニーズ把握のポイントということになります。

「情報発信」を行なってもお客の反応が芳しくなく、「ニーズ把握」がうまく行なえない場合は、その前のプロセスである「作戦立案」の内容が間違っている可能性が高いと言えます。まったく場違いな情報発信を行なったとしたら、お客を共感させニーズ把握を行なうことはできません。

効果的な「作戦立案」を行なうためには、自分が売る商品の知識だけでなく、お客のこともよく理解しておくことが求められます。とくに法人営業などの場合には、お客の仕事の中身をよく理解していないとニーズの想定ができません。

これには、多少の経験と訓練が必要になります。訓練とは、普段から「お客のニーズは何なのか」という仮説を立て、訪問をするにしても手ぶらではなく、常に何らかの情報を持っていく努力を続けるということです。

あるいは、「情報発信」のすすめ方が単なる商品の「売り込み」に終始してしまうと、お客のガードが上がります。そうなるとお客は本音を出さず、ヒアリングがうまくいかなくなり、ニーズの把握ができなくなります。

BAD
ピント外れの情報発信は一方通行
どこに
投げてんの？
それ！
情報
キャッチボールにならない
ニーズ
お客
営業マン

GOOD
正しい情報発信にはニーズが返ってくる
それ！
はい！
情報
ニーズ
商談はキャッチボール
お客
営業マン

1-9 「情報発信」と「提案」の違い

このように、商談をつくるための営業プロセスにおいて、「情報発信」は「ニーズ把握」を行なうことが目的なので、情報発信を行なうにあたっては、**①相手のガードを下げさせる、②相手にメリットのある情報発信を行なう**、ということが求められます。

相手のガードを下げさせるためには、こちらの情報発信が「売り込みではない」ということを相手に理解してもらう必要があります。売り込みではないことを相手に伝えるためには、こちらがなぜその情報を発信しているのかということを明確にする必要があります。

たとえば「今、キャンペーンをやっていまして……」でもいいし、「同業者さんでよく売れている商品なので……」でもいいわけです。

このように相手のガードを下げさせ、次に相手にとってメリットのある情報発信を行ないます。たとえば、「今までの工具と違って耐久性が倍になりますからコストダウンできます」といった話です。相手にとって何らかのメリットがある話でなければ、相手はこちらの話をそれ以上聞こうというスタンスにはなりません。

それに対して「提案」は、ヒアリングによって相手のニーズを把握したうえで行なうことなので、お客のほうも「聞く耳」を持った状態と考えることができます。ですから、商品のスペックなどもう少し細かい話を、腰を据えて行なうべきでしょう。ここで「提案」の目的は「見積り」であり、言い換えると、具体的な商談をつくることが最終の目的になります。

しかし、「情報発信」の場合同様、こちらから売り込むようなことはするべきではありません。こちらが行なう提案に対して、お客のほうから「じゃあ、一度見積もって」とか「いくらなの?」と言わせなければなりません。また、相手から求められてもいないのに価格提示をする、あるいは見積書を乱発するのは逆効果以外の何者でもありません。私の過去の経験でも、求められてもいない価格提示をして、その引合いが商談に至ったことはまずありません。やはり営業の鉄則は、「こちらから売り込まない」ということなのです。

BAD
いきなり提案しても受け入れられない
ウチは要らないよ！
とてもよい商品なので、一度試して…
お客
提案
営業マン

GOOD
「情報発信」でヒアリングしてから提案
1　ガードを下げさせる
今、キャンペーン中の商品でして…
いや、実はね…
情報
お客
2　相手にメリットを出す
御社でもコストダウンになります！
提案
3　ヒアリング
こういった商品にご関心はありますか？
営業マン

1-10 商談をつくるために必要な5つのスキル

以上、営業活動において最も重要なことが「商談」をつくるということ、さらに「商談」をつくるための営業プロセスについて述べてきました。

では、そうした営業プロセスの中で自ら商談をつくり、さらにそれを確実に決めていくためには、どのようなスキルが求められるのでしょうか。それには、次の5つのスキルが考えられます。

①仮説を立てるスキル
②相手のガードを下げさせるスキル
③ヒアリングのスキル
④問題解決のスキル
⑤クロージングのスキル

営業活動は、〝仮説を立てる〟というところからスタートします。どのお客をターゲットにすべきなのか、さらにそのお客の想定される〝ニーズ〟が何なのかという仮説を立て、そのニーズを満たす〝情報発信〟が必要だからです。こうして、自らが立てた仮説が正しいか否かということを、その後の営業プロセスで検証していくことになります。そして、お客にこちらの話を聞かせる状態にするためには、相手が持つ「売り込まれるのでは？」、「この営業マンは信用できるのか？」といった心理的なガードを下げる必要があります。これが、〝相手のガードを下げさせるスキル〟ということになります。

次に、お客のニーズを聞き出すために求められるのが〝ヒアリングのスキル〟です。ヒアリングのスキルとは、言い換えると、いかに効果的な質問を相手に投げるかということになります。

さらに、そのニーズを満たす提案を行なううえで求められるのが、〝問題解決のスキル〟です。相手のニーズを満たすための問題解決を行なうことが、「提案」という行為なのです。最後に商談を決めるうえで必要なスキルが〝クロージングのスキル〟です。クロージングを行なうためには、あらかじめ自分なりのストーリーを持って商談に臨むことが求められます。また、お客へのアプローチのかけ方も、新規開拓なのか既存のルートセールスなのかといったことで変わってきます。

BAD
営業は努力せずして結果は出ない
受注
うわ〜
ピュ〜

GOOD
5つのスキルで確実に受注する
受注
やった!!
クロージング
問題解決
ヒアリング
相手のガードを下げさせる
仮説を立てる

2章

営業のパターンとアプローチの方法

2-1 営業におけるパターンとは

ひと口に営業と言っても、さまざまなパターンがあります。

前項で述べた〝商談をつくるための営業プロセス〟を、再度以下に示しますが、このプロセスの中で、〝ターゲティング〟、〝作戦立案〟はどのような営業パターンでも共通です。

しかし、アプローチの仕方は営業のパターンによって少し異なります。

営業のパターンは、以下のように「顧客との関係性」によって大きく3つに分類されます。

①ルートセールス
②新規中心セールス
③ディーラーヘルプス

ルートセールスとは、継続的取引を前提とした営業スタイルのことです。法人営業の多くがこのパターンになります。場合によっては、営業マンが商品の配送を兼ねているパターンもあるため、アポイトメントや訪問へのハードルは比較的低いセールスパターンと言っていいでしょう。

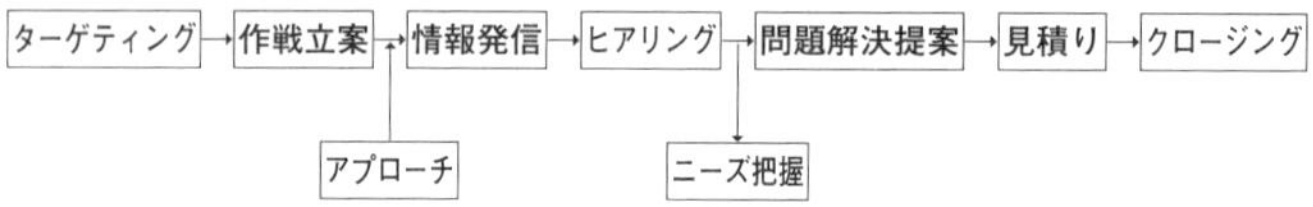
ターゲティング
作戦立案
情報発信
ヒアリング
問題解決提案
見積り
クロージング
アプローチ
ニーズ把握

新規中心セールスとは、たとえば住宅セールスや自動車のセールスなど、〝スポット〟的な商品を営業するときに見られるケースです。法人営業であっても、高額な設備商品やシステム商品などの営業の場合は、新規中心のセールスと言えるでしょう。

この場合、個人でも法人でも、お客へのアポイトメントや訪問へのハードルは高いものになり、アプローチにもさまざまな工夫が求められることになります。

ディーラーヘルプスとはその名の通り、自社の販売店や代理店（ディーラー）に対する販売支援（ヘルプス）を行なうことです。とくに、メーカー営業の場合に多いセールスパターンです。

この場合、自らがいかに売るかということよりも、お客をいかにその気にさせ、いかに自社の商品を売らせるかということがポイントになります。

BAD
行きあたりばったりのアプローチ
守衛所
アポをとって来てください！
こんにちはー。機械のPRでうかがったんですが
名刺

GOOD
自社の営業パターンにあったアプローチ
先日、御案内を送らせていただいた件でお電話したのですが…
ああ、そう言えば来てたね…
DM
法人相手の新規中心セールスだから…

2-2 ルートセールスにおけるポイント

ルートセールスは法人営業に多いパターンですが、これは継続的取引を前提とした営業のパターンです。ですから、顧客に対してとくにアポをとることもなく、手ぶらで訪問したとしてもこなせるケースが多いと言えます。それだけに、最も「御用聞き」的な営業パターンとなってしまうため注意が必要です。

継続的取引を前提としたルートセールスであっても、訪問の基本は「事前のアポイトメント」です。つまり、訪問する前に電話でアポイトメントをとることが基本ということです。営業研修などでこうした話をすると、「お客はいつも忙しいから事前にアポはとれない」とか「アポをとるための理由がない」と言う人もいます。しかし、お客が忙しい相手であればなおさらアポをとるべきだし、アポをとるための理由がなければ自らつくればいいのです。

アポをとるために顧客ニーズの仮説を立て、情報発信のネタをいかに準備するかということが営業活動の基本です。アポをとるための理由がないというのは、まさに前項で述べたところの「営業」ではなく、「販売」だからです。

これは、営業マンが配送や配達を兼務している場合でも同じです。本来、営業マンが配送や配達を兼ねるのはよいことではありません。しかし、どうしても業界の事情や商品の特性上、そうせざるを得ないケースでも、とくに重点攻略先への訪問については事前にアポをとることを基本にしていただきたいと思います。

営業マンが配送や配達を兼務している場合、1日当たりの訪問件数は7～10件と多くなる傾向があります。すべての訪問先に対してアポをとるのは現実的でないにしても、たとえば午前中1件、午後1件とアポをとり、その訪問先を中心に訪問計画を組むようにすれば、営業活動において成果が上がるようになっていきます。

ただし、ケースバイケースでアポをとらずに訪問したほうがよいケースもあります。その場合には、相手が忙しい時間帯（会社の始業時間や終業時間間際）を避けるなど、気配りが必要でしょう。

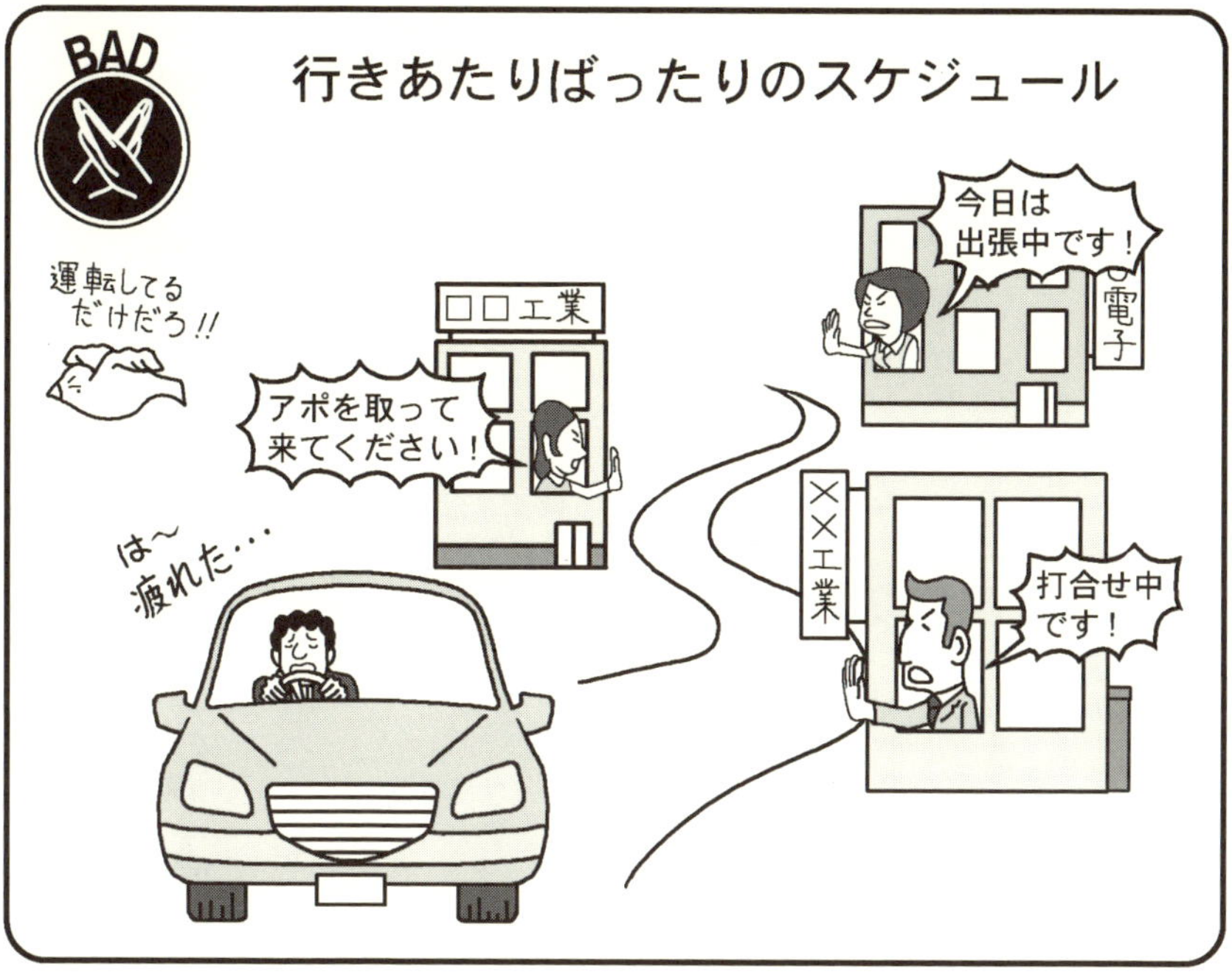
BAD
行きあたりばったりのスケジュール
運転してるだけだろ!!
□□工業
アポを取って来てください！
今日は出張中です！
電子
は〜疲れた…
××工業
打合せ中です！

GOOD
アポを中心としたスケジュール
よし!!
AM 10:00 ○○商事
PM 13:00 △△産業
16:00 ××工業
手帳

新規中心セールスにおけるポイント

2-3

たとえば住宅販売を行なう営業マンなどは、このパターンになるでしょう。あるいは、オフィスにコピー機の販売を行なっているような営業マンもこのパターンになるのではないでしょうか。昔はこうしたタイプの営業マンは、飛び込みによる新規開拓が当たり前でした。

しかし今では、こうしたパターンの営業であっても、アポなしの訪問というのはまず行ないません。住宅販売の営業であれば、飛び込み訪問よりも住宅展示場に見込客を誘導し、そこからフォローをかけていくというスタイルが一般的です。また、コピー機の販売を行なう会社の場合でも、テレホンアポインターがくまなく電話をかけ、アポがとれたところにのみ営業マンが訪問します。

これは以前、あるコピー機販売会社のマネージャーから聞いた話ですが、その人はテレホンアポインターがアポをとってもそのまま訪問せず、必ず自ら再度電話を入れ、これからコピー機の提案をさせてもらうことを再度明言するのだそうです。そこで、「やっぱり来なくて結構」と断られたら訪問しません。テレホンアポインターが無理やりアポをとったような相手に訪問をしても、まったく意味がないからです。

このように、あらゆる業界において新規中心の営業は「事前のアポとり」が当たり前の時代となりました。その理由は、世の中全体が「成熟期」となったからです。

かつての「成長期」の時代、たとえばコピー機が充分に行き渡っていないような時代であれば、アポなし訪問のほうが効率もよかったのです。しかし、現在のような「成熟期」になると、アポなし訪問は効率が悪くて仕方がないのです。

そうなると新規中心の営業におけるポイントは、「いかに自社の商品に興味を持ってくれそうな人を探すか」ということになります。このような、自社に興味を持ってくれそうな人のことを「見込客」と言います。たとえば「住宅展示場」などは、この「見込客」を探すための場なのです。こうした場をいかにつくるか、あるいはテレホンアポインターのような「見込客を探す仕組み」をいかにつくるか、ということがポイントになるのです。

BAD
飛び込み営業を主体にした新規開拓
バカ野郎!!
営業は足だ!!
今日は100軒
訪問だ!!
先輩、もう
やめましょう…
帰ってください!
要りません!
ウチは結構です!!
今、忙しいので…
もう来ないで!!

GOOD
集客営業を主体にした新規開拓
いらっしゃい
ませ!!
住宅展示場入口
チラシを
見たん
ですけど…

2-4 ディーラーヘルプスにおけるポイント

ディーラーヘルプスの場合もルートセールスと同様、継続的取引を前提とした営業パターンになります。ですから、「アポなし訪問」ができる営業パターンではあるのですが、やはり事前にアポをとることが重要になります。とくに販売店相手の営業の場合、いかにその店の経営者、あるいは仕入れのキーマンと話をするかということがポイントになります。

私の顧問先の販売会社でも、仕入先の問屋の営業マンがいつも営業に来ます。しかし彼らの動きの大半が、自分が話しやすい営業マンのそばに行き、横で手帳を開いて注文を書き留めているだけです。そんなことは、FAXやメールでもできることであって、まさに完全なる御用聞きです。

販売店の社長や仕入れのキーマンというのは常に忙しく、それなりの提案を用意しなければアポはとれないし、時間もとってもらえません。それなりの提案とはどのような提案かと言うと、その販売店の業績が上がるような提案です。たとえば、「こんな商品を扱ってはどうか」、「こんなキャンペーンを組んだらどうか」、「こういう勉強会に社員を参加させてはどうか」といった提案が、その販売店の業績を上げるような提案になります。

そのためにはその販売店が、

①どこの、どんな商品を扱っているのか

②それを、どこに売っているのか

ということを押さえたうえで、どんな取り組みをすればその販売店の業績が上がるのか、という仮説を立てなければなりません。また、その販売店の経営者が、どのような問題で困っているのかを把握することも必要です。

先ほどの販売店の社長も、「仕入先の問屋がウチの特性を理解してくれたうえで商品提案をしてくれたらありがたいのに」と、いつも言っています。

本来、ディーラーヘルプス営業というのは、このようなコンサルタントとしての視点が求められます。コンサルタントになるか、FAX・メールの代行役になるか、それは自らが決めることなのです。

BAD
惰性のルートセールス
毎度ー、○○商事です!!
おーおー よく来てくれた…
ばあさん お茶2つ…
ニャー

GOOD
客先(販売店)の業績が上がる提案
こういった商品に力を入れたら、より収益性が上がります!
フムフム
提案書

2-5 高額商品セールスにおけるポイント

ルートセールスなのか、新規中心の営業なのかというのは、いわば「購買頻度」の問題です。購買頻度が高ければ継続的取引となるし、低ければスポットの取引となるからです。

「購買頻度」と同様に、営業スタイルに大きな影響を与える要素として「商品単価」をあげることができます。当たり前と言えば当たり前なのですが、商品単価が高ければ高いほど営業は難しくなります。

高額商品の代表例として、消費財であれば住宅・不動産や自動車（とくに外車）、生産財であればコンピュータシステムや工作機械などをあげることができるでしょう。いずれも、商品単価が数百万円から数千万円と高額なものばかりです。

高額商品を売るためのポイントはただひとつ、「自分の値打ちを下げないこと」ということです。ですから、見込客へのアプローチにしても、相手から「数字に困っているから売り込みに来たのか？」と思われたが最後、引合いをとることはできません。

高額商品を売る営業マンは自分の値打ちを下げないように、普段から意識しておかなければなりません。たとえば、スーツやネクタイ、時計や靴にしても安っぽいものを身につけていてはダメです。相手に不安を抱かせるような派手なブランド品もよくありませんが、安っぽい身なりはそれ以上によくありません。

また仮に、不景気で売れていなかったとしても、そうしたそぶりをお客の前で見せてはいけません。

たとえ暇でスケジュールもガラガラだったとしても、商談が多くて忙しいことを装わなければならないのです。ですから見込客へのアプローチにしても、自然な訪問や理由のある訪問を努めて行なう必要があります。

このような理由から、高額商品を売り込むのに最もよいアプローチの方法はこちらから積極的に売り込むのではなく、あくまでお客のほうから引合いを出してもらうという形をとることです。そのための仕組みづくりを考えることも、高額商品の営業において重要なプロセスになるのです。

相手に不安を抱かせる営業スタイル

BAD
う〜ん
大丈夫かな
この人…
次回ですね !!
いつでもいいです !!
合わせますよ !!
ボロ…

自らをブランド化する営業スタイル

GOOD
はい。
いいですよ…
売れてるん
だろうな
この人…
次回ですが…
来週の水曜日の
午前中は
いかがですか？
ピカッ

プル型営業のすすめ

2-6

さまざまな営業パターンにおける、アプローチへの考え方について述べてきました。ルート営業の場合であれば、アプローチの方法は大きな問題ではありませんが、新規中心セールスの場合にはアプローチをいかにうまく行なうかということが死活問題になります。

また、ルートセールスとはいえ、やはり継続的な新規開拓を行なっていかなければ会社の成長は止まってしまいます。ですから、新規開拓におけるアプローチをどのように行なうかということは、きわめて重要な問題になります。

新規開拓の際に注意しなければならないことは、「こちらから売り込むと逆効果である」ということです。たとえば新規開拓における飛込みセールスなど、こちらから売り込むというスタイルは①**相手から警戒されて話を聞いてもらえない**、あるいは、②**足元を見られて徹底的に値切られる**、という結果に終わります。

このように、こちらから売り込む営業スタイルのことを「プッシュ型営業」と言います。プッシュ型営業は成長期はいいのですが、現在のような成熟期になると難しくなる手法です。プッシュ型営業の反対の概念が「プル型営業」です。

たとえば先ほど述べた、住宅展示場に見込客を誘導してそこから営業活動を行なう、というのも「プル型営業」の考え方です。お客のほうからこちらに来てくれるわけですから、その後の営業フォローも、ごく抵抗感の少ないものになります。「プル型営業」における代表的な集客方法を述べると、

①**Ｗｅｂサイト**
②**ＦＡＸＤＭ**
③**セミナーの企画**
④**展示会への出展**

といったことが考えられます。とくに近年においては、Ｗｅｂサイトにおける集客が重要になってきています。

それぞれの方法におけるポイントを、次項から述べていきます。

BAD
プッシュ型のみの営業スタイル
ということは安いんだね!!
とにかくがんばりますのでお願いします!!
購売

GOOD
プル型も取り入れた営業スタイル
はい はい
あの～ホームページを見て、電話したのですが…

2-7 Webを活用したアプローチ

Webサイトの活用は、あらゆる業種の営業において重要な役割を担うようになってきています。Webサイトと言えば、単なる「会社案内」的な活用法しかできない、と思われている方も多いようですが、サイトの設計次第では「プル型営業」のための有効な集客ツールになり得ます。

たとえば私のコンサルティング先で、三笠製作所という制御盤（機械に取り付ける電源スイッチボックス）を製作しているメーカーがあります。この会社は、自社のWebサイトも持っていましたが、Web経由での引合いはほとんどありませんでした。

そこで、自社のサイトとは別に「制御盤ドットコム」というサイトを新たに立上げ、そのサイトでは制御盤を製作するにあたってのポイントをわかりやすく情報発信するようにしました。

また、そうした制御盤製作のポイントをまとめた「無料小冊子」をつくり、Web上で資料請求ができるようにしました。

その結果、毎月のWeb経由での資料請求は以前の20倍以上にも増え、資料請求してきた人に対して簡単にアポがとれるようになりました。さらに資料請求だけでなく、具体的な引合いも週に1～2件は発生しています。

なぜ、これだけ効果が出たのかと言うと、やはり「制御盤ドットコム」というWebサイトのネーミングとコンセプトがその要因だと思います。まず、固有の会社名でのWebサイトの場合、その会社がよほどの有名企業でもない限り、その会社のサイトを積極的に見たいとは思わないでしょう。しかし「制御盤ドットコム」というネーミングであれば、制御盤について何らかの情報がほしい人は必ず見てくれるはずです。

つまり、「相手のガードを下げさせる」ことに成功しており、そのうえで「相手にメリットのある情報発信」を行なっているのです。それに共感したお客が、具体的な引き合いを出してくれているのです。Webサイトにおいても「単なる売込み」ではダメなのです。

BAD
目的が不明確なWebサイト構築
○×印刷工業
社長のあいさつ
うちは印刷屋だけど・・・
・Webの活用
社長
問合せなんて全然来ないよ!!
これからは営業にもWebを活用する時代です！

GOOD
集客を目的としたWebサイト構築
年賀状印刷.COM
無料小冊子プレゼント中
・会社案内サイト
・集客サイト
Webの目的をハッキリさせないといけません!!
なるほど!!
ポン

2-8 FAXDMを活用したアプローチ

Webが、日本全国はもとより全世界に対して情報発信を行なうのに対して、FAXDMは地域や対象業種を絞ってお客にアプローチすることができます。

通常のDM（ダイレクトメール）と比較すると送付コストが安く（通常のDMの約1／10）、繰り返し送付することが容易です。DMというのは内容も重要ですが、それ以上に発送頻度が重要になります。

ですから、見込み客に対するアプローチという意味では、最も費用対効果に優れた方法と言えます。

このFAXDMには「魔の1秒、魔の1秒」というものがあります。これは「そのFAXDMを捨てるか、関係者に渡すか」という判断するのに1秒、「そのFAXDMに何らかの返事を返すか」と判断するのに15秒で決められてしまうというものです。

つまりFAXDMは、パッと見ただけで顧客に対するメリットが伝わるように制作するのが基本になります（逆に、一目では読みきれないようにびっしりと文章を並べて関心を惹くというテクニックもある）。

また、FAXDMは不特定の相手に送信するため、最初にそれを見るのは事務の女性かもしれないし、必ずしも商品にくわしい人とは限りません。ですから誰が読もうが、そのFAXDMが訴求したい商品・サービスが何なのかが理解できるように作成する必要があります。とくに生産財などの特殊な用途の商品・サービスの場合には、実際にそうした商品を検討する立場のキーマンの手元に届くような設計をしておく必要があります。

また、FAXDMのレスポンス率は一般に1％以下と言われていますが、無料小冊子などのプレゼント特典をつけることにより、このレスポンス率を3％以上に高めることもできます。この無料小冊子とはたとえば、「失敗しないリフォーム業者の選び方」といったような、顧客に何らかのメリットがあるコンテンツである必要があります。こうした小冊子の存在を訴求したうえで、「無料小冊子を請求する」、「くわしい資料を請求する」、「くわしく説明を聞きたい」といった具合に選択欄をつけてレスポンスを促すのです。

BAD
売り込みの FAXDM
また売り込みの FAX ね！
人の会社の紙を勝手に
使って…
工作機械なら
○×工業
新商品の御案内
FAX

GOOD
戦略的な FAXDM
コストダウンに
無料小冊子か…
製造部にまわしと
こう…
生産現場の
コストダウン
無料小冊子
プレゼント中!
小冊子
FAX

2-9 セミナーを活用したアプローチ

セミナーの開催は、あらゆる営業において有効な集客（プル型営業）の手法と言えます。しかし、同じ内容のセミナーであったとしても、その打ち出し方で集客効果がまったく異なるものになります。

たとえば、工場向けにドリル加工機を販売しているメーカーがあったとします。このとき、セミナーのタイトルが「高性能！　新型ドリル加工機　新商品のご案内」というテーマでは、まず集客は見込めません。ところが、「ドリル加工における加工条件設定とコストダウンのポイント」というテーマであれば、集客を見込むことができます。前者が「売り手視点」での訴求であるのに対して、後者は「買い手視点」での訴求だからです。

またペットショップであれば、「室内犬　大発表会！」という企画より、「犬の飼い方教室（室内編）」としたほうが集客が見込めます。日本に代表される豊かな先進国の場合、大多数の人が自分の関心があることについては「勉強したい」と感じています。

こうした「勉強したい」という欲求段階のことを「自我欲求」と言います。顧客の欲求には他にも「安く買いたい」というものもあります。これは欲求段階でいくと、「生理的欲求」と呼ばれるもので、人間の欲求段階としては最も初期段階のものです。プル型営業を打ち出していくのであれば、「生理的欲求」よりも高次の段階である「自我欲求」、すなわち「勉強したい！」という欲求を満たすようなセミナーを考えたほうが、価格以外の価値を認めてくれる顧客を集めやすくなります。こうしたセミナーを告知する方法としては、先ほど述べた「ＦＡＸＤＭ」を活用するのが最もいいでしょう。

たとえば、セミナーに50人集客するつもりで、２００件にＦＡＸＤＭを送付するのであれば、レスポンス率１％として、１回のＦＡＸ送信で20人。つまり、２～３回のＦＡＸ送信が必要になります。レスポンスがあった顧客に対しては、お礼の電話をした後にセミナーの受講票とセミナー会場の案内図を送付します。セミナー終了後は無料相談会を企画するなどして、その後の営業フォローを行ないやすくするのがポイントになります。

BAD
売り込みのセミナー
売り込み
だからだよ…
室内犬大発表会
どうして、人が
集まらないの
だろう…

GOOD
お客にメリットのあるセミナー
犬の飼い方教室
今回は
集まった！

2-10 展示会を活用したアプローチ

展示会を活用したアプローチとしては、

①展示会に出展する
②自ら展示会を企画する

という2つの方法が考えられます。自社の商品・サービスが「全国区」であれば前者、「地域密着」であれば後者が効果的でしょう。

展示会に出展する際に最初のポイントとなるのが、①**小間の大きさ**、②**場所**、の2つです。小間の大きさについては、一般に3m×3mを1小間とする展示会が多いのですが、集客を見込みたいのであれば、最低でも3小間以上とることをおすすめします。展示会における集客は、小間の面積に比例するからです。

また、小間の場所も重要な要素です。これは、展示会主催者の意向によるところが大きな要素ではありますが、人の流れをつくり出すメイン通路に面したところを希望するようにします。また、大きな展示会になるとテーマごとに展示会場が異なることがありますが、このとき誤ったテーマの場所に出展をしても集客が見込めないため注意が必要です。

出展ブースをつくるうえでのポイントとしては、①**音を出す**、②**動きをつける**、ということです。具体的にはデモ機を動かす、DVDで映像を流す、ということに加えて、自社ブースでミニセミナーを企画するというのも、集客にはきわめて有効な方法です。

自ら展示会を企画する場合、最大のポイントとなるのは「いかに集客するか」ということになります。展示会への集客の場合は、FAXDMよりも通常のDMのほうが好ましいと言えます。通常のDMはFAXDMよりも情報掲載量が多く、保存もきくからです。

また展示会だけでなく、同時に無料セミナーを開催すると集客効果が上がります。さらに、事前に参加申し込みが受けられるため、当日の集客人数を予想することが容易になります。このような、自ら企画した展示会のことを「プライベートショー」とも言います。また、「内覧会」や住宅販売会社が企画する「現場見学会」も、目的としてはプライベートショーと同じになるでしょう。

BAD
狭くて動き、音のないブース
○×製作所ブース
ね、ねむい…
全然人が来ないなぁ…
う〜ん
受付

GOOD
十分な広さと動き、音のあるブース
○×製作所ブース
今度は集客できた!!
受付

3章

営業活動における作戦立案のポイント

3-1 営業における作戦立案の必要性

さて、さまざまな営業パターンにおけるアプローチの方法について述べてきましたが、商談をつくる営業プロセスの中の〝ターゲティング〟、〝作戦立案〟は、どのような営業パターンであっても共通のことです。とくに、商談をつくるうえで〝作戦立案〟のプロセスは重要です。

〝作戦立案〟とは、「いかに商談をつくるか」、「いかに成約に持ち込むか」という目的を達成するための具体的なアクションを考えることです。そのためには、相手のニーズとメリットを一番に考える必要があります。

たとえば、あなたが自動車のセールスマンだったとして、お客が薬の問屋だったとします。薬の問屋ということになると営業マンが配送を行ない、毎日何件ものオフィスを車でまわっていることでしょう。となると、お客にとってのニーズは小回りがきき、頻繁に荷物を積み下ろしができる営業車ということになります。自社の商品でそのニーズを満たすのが小型のハッチバック車であれば、その商品をいかに効果的に相手に提案するのか、というストーリーを考えることが〝作戦立案〟ということになります。さらに、その小型のハッチバック車を、相手の会社の誰に提案するべきなのか、相手の予算がいくらぐらいあるのか、こうしたことを考えることも、すべて〝作戦立案〟のプロセスです。

〝作戦立案〟を行なううえで押さえておくべきこととして、以下のことがあげられます。

①そのお客のニーズは何なのか
②そのお客のキーマンは誰なのか
③そのお客の購買プロセスはどうなっているのか

もちろん、競合企業の動きや競争相手の価格を知ることも重要なことです。しかし、こうした競合企業の動きというのは、お客と関係性が深くなると自然と耳に入ってくるものです。

まずは、お客のニーズをつかんでメリットのある提案をキーマンに対して行ない、購買プロセスに関わる人たちと関係性をつくっていくことが成約に結びつく早道と言えます。

BAD
戦略なき営業
まずは行って
みなけりゃ
わからない
そんな
無茶な…
とにかく
飛び込もう！

GOOD
まずは、得られる情報で作戦を立てる
購買
プロセスは？
ニーズは？
キーマンは？

3-2 お客の本当のニーズとは？

お客のニーズを考えるうえでのポイントは、お客の「欲求」と「ニーズ」を分けて考えることです。「欲求」は、意味としてニーズと混同されることがありますが、これは英語で言うと「ウォンツ」となりますから、分けて考えなければなりません。

まず「欲求」とは、お客にとっての表面的な要望のことを言います。たとえば、先ほどの自動車セールスの事例で言えば、お客の欲求は「とにかく、安い営業車を買いたい」ということです。

それに対して「ニーズ」とは、場合によってはお客自体も気がついていない、本質的な問題解決のための手段のことです。たとえば、先ほどの自動車セールスの事例で言えば、お客のニーズは「営業マンの生産性を上げて売上アップを図る」ということです。

ここで、「とにかく安い営業車を買いたい」という欲求だけに注目して、とにかく安い車を提案したとします。これでは、単なる価格勝負にしかならないし、お客の側からしても安いからといってミッション車や運転しにくい車を売りつけられたら、逆に生産性を落とすことにもなりかねません。

そうではなくて、いかに「営業マンの生産性を上げて売上アップを図る」かという、お客自身が気づいていない潜在的な「ニーズ」に注目して付加価値の高い提案をすれば、単なる価格だけの競争を回避することができるし、お客の側から見てもメリットがあることです。

このように、価格競争を回避して付加価値の高い営業活動を行なうためには、お客の「ニーズ」を想定するということが不可欠になるわけですが、ニーズを想定するためには、事前の「情報収集」と「仮説思考」が欠かせません。

また、「ニーズ」を喚起させる情報発信を行なうためには、一方的な押し付けのセールストークを行なうのではなく、質問を主体にした情報発信を行なっていく必要があります。いずれにしても、「このお客の本当のニーズは何だろうか」と考えながら営業活動を行なう姿勢が求められるでしょう。

BAD
お客の表面的な欲求に振り回される営業
ウチは安ければいいんだよ安ければ！
はぁい
そりゃそうだよなぁ
欲求
「安い車がほしい」
ニーズ

GOOD
お客の潜在的なニーズに着目する営業
生産性の上がる車!!
なるほど！
価格は少し張りますが、こちらの方が生産性が上がります！
欲求
「安い車が欲しい」
ニーズ
「小回りがきいて荷物の上げ下げが楽な車」

3-3 結果を出すための仮説思考とは

さて、先ほど「ニーズ」を想定するために事前の「情報収集」と「仮説思考」が欠かせないと説明しましたが、では「仮説思考」とはいったい何なのでしょうか。

「仮説思考」とはひと言で言うと、「結論から考える」ということです。たとえば目の前で、お客さんがタバコとライターを持ってキョロキョロしていたとします。それを見れば大半の人が、「ああ、灰皿を探しているのだな」と考えつくはずです。要は、これが「仮説思考」ということです。

限られた情報の中で相手が意図していることを察知するということは、みなさんも日常生活の中で行なっているのではないでしょうか。ビジネスにおいては、この「仮説思考」がきわめて重要になりますが、とくに営業活動で攻略作戦を考えるうえでは必要不可欠と言って過言ではないでしょう。

たとえば、売れない営業マンほど「あのお客さんに最適な提案商品は何でしょうか？」と聞くと、「それは、まず訪問してみなければわかりません」と答えます。これは「仮説思考」ができていない、あるいはしようとしていないのです。逆に、トップセールスの人に同じ質問をすると「そうですね。あの会社はルートの販売会社だから、ハッチバックの小回りがきく車を提案するといいですね」といったように、明確な仮説が示されます。仮説なしで動いても、それは単なるいきあたりばったりでしかありません。

営業活動での攻略作戦を考える以外にも、営業活動で「仮説思考」が必要な場面としては以下のことが考えられます。

①ターゲット顧客の購買力の想定
②ターゲット顧客の攻略難易度の想定
③その人がキーマンかどうかの判断
④商談確度の見極め
⑤競合企業の動き

このように、営業活動においては「仮説思考」が必要不可欠と言えます。そして、自分自身の仮説思考能力を常に向上させていく必要があるのです。

仮説思考のできない営業
BAD
今度新規開拓する
○×商事だけど
どんな提案でいく？
A君は
どう思う？
行ったこともないし
わかりません…
営業課長
トップセールスB氏
売れないセールスA氏

仮説思考のできる営業
GOOD
B君は
どう思う？
さすが
B君！
そうですね。
ルート配送が多い会社
だから、小回りがきく車種で
いきましょう！
ぼ〜…
営業課長
トップセールスB氏
売れないセールスA氏

3-4 作戦立案に求められる情報収集

さて「仮説」を立てるにあたっても、最低限の「情報」は必要です。つまり作戦立案のためには、「仮説思考」と同時に「情報収集」が必要となります。作戦立案のために必要な最低限の「情報」として、以下のことがあげられます。

①ターゲット顧客の業種
②ターゲット顧客の人数
③ターゲット顧客の担当部署・キーマン

ターゲットの業種がわかれば、相手のニーズを想定することができます。たとえば自動車セールスの場合で言えば、もし相手の業種がホテルや旅館であったとすると、「宿泊客を送迎する小型バスが必要なのではないか?」という仮説が立てられるはずです。ターゲット顧客の業種は、その企業名からだいたい把握することができます。さらに、インターネットで相手のＷｅｂサイトを見れば、くわしい情報を収集することができます。またターゲット顧客の人数がわかれば、ターゲット顧客の購買プロセスや購買ボリュームがわかります。

たとえば少人数の会社なら、社長の即断で注文が出されますが、１００人を超えるような会社の場合は稟議を通して発注がなされます。Ｗｅｂサイトに人数が明記されている場合や興信所データが入手できれば問題はありませんが、相手の人数が特定できない場合があります。

その場合には建物や敷地面積から、おおよその数字を推測すればいいでしょう。

さらにアプローチをかけるにあたって、「誰がキーマンなのか」という情報が必要になります。初回アプローチの際には、「誰がキーマンなのか」というレベルで情報収集を行なうのは困難なので、「どこが担当部署なのか」というレベルで考えるべきでしょう。これもＷｅｂサイトを見ると、その会社の組織が示されているケースがほとんどです。

さらに、その会社の受付に置かれている内線電話表を見れば、より詳細な情報を把握することができます。受付に人がいるのであれば、その人に聞いてみるのもひとつの方法です。

BAD
事前の情報収集をしない営業
忙しい忙しい…
あっ！
こんな時間だ！
もう出なきゃ…
事前準備ができて
いないけど、
まぁいいか…
12
3
6
9

GOOD
ニーズを想定するための情報収集
なるほど。
従業員○○名で
資本金は○○か…
○×工業株式会社
自動車部品の
加工が主要業務
なんだな…

3-5

初回訪問の目的は「継続訪問」のための「情報収集」

このように、訪問前に情報収集を行なって仮説を立て、それに基づいた攻略作戦を立てることが求められますが、その仮説が正しいとは限りません。

また営業プロセスを進めていくためには、具体的なキーマンの探索など、さらに深く情報収集を行なっていく必要があります。

このように、初回訪問の目的は「商品を売り込む」ということではなく、「継続訪問」につなげるための「情報収集」の場と捉えたほうがよいでしょう。本章の最初の項でも述べましたが、営業訪問の目的を何に置くのかということは、攻略作戦を考えるうえで必須のことです。提案する商品によっては、初回訪問で受注まで持ち込めるものもあるかもしれません。

しかし、人的セールスで販売するような商品の場合、大半のものが何回かのアプローチを行なう中で受注へと至るはずです。とくに法人営業の場合などは、このような傾向が強いと言えるでしょう。

営業の鉄則は、「売り込まない」ということです。「売り込む」と嫌われます。「売り込む」のではなく、「継続訪問」ができるような関係をつくり、相手にメリットのある提案を続けていくのです。そうすれば必ず商談が発生し、数字に結びつきます。継続訪問をするうえで収集すべき情報は、以下の通りです。

①そのお客の本当のニーズ
②そのお客の購買力
③そのお客の攻略難易度
④そのお客の本当のキーマン
⑤そのお客の購買プロセス

相手のニーズを探ることの重要性は前に述べた通りです。とくに②と③は、ターゲティングを行なううえで重要な情報となります。また、④と⑤を押さえずに動いていると、いくら継続訪問ができたとしても肝心の商談が発生しないし、商談が発生しても受注には至りません。何事もスタートが重要ですから、初回訪問の際に、できるだけこうした情報を押さえる〝気構え〟が求められるのです。

BAD
「売り込み」を目的とした初回訪問
奥さん!とにかく!
絶対にいい商品ですから!!
もう帰ってください!!
ダマされたと思って!!

GOOD
「情報収集」を目的とした初回訪問
ウチは子供が小さいので…
そうですか。でしたら、アレルギーに気をつけないと…
ご家族にお年を召した方はおられますか?

3-6 ターゲティングとは何か

さて、先ほど出てきた「ターゲティング」ですが、これは訪問する顧客のランク分けを行ない、訪問の優先順位付けすることを指します。一般に顧客のランク分けは以下に示す4ランクで考えます。

〈顧客ランク〉	〈自社のシェア〉	〈購買力〉	〈位置づけ〉
Sランク	高い	高い	優先順位高
Aランク	低い	高い	優先順位中
Bランク	高い	低い	優先順位低
Cランク	低い	低い	訪問しない

以上のように、顧客ランク分けは「購買力」をベースに考えるべきです。また、「自社のシェア」という考え方を取り入れて、現状の売上高を見るのではなく、「購買力」が高くて「シェアの低い」顧客を狙わなければならないのです。

営業で数字が上がらない理由の大半が、ターゲティングのまずさにあります。すなわち、「営業マンが行きやすいお客のところだけに行っている」ことが、数字が上がらない要因なのです。

これは、営業研修をしていると感じることですが、売れない営業マンというのは決まって購買力の低いお客に通いつめています。そして、それを何回指摘しても直りません。そもそもターゲティングが間違っているのですから、それは営業テクニック以前の問題なのです。

また、攻略難易度が著しく高いお客は、いかに「購買力」が高くてもCランク同様、「訪問しない」と位置づけるべきでしょう。たとえば、あなたが自動車のセールスだったとして、購買力の高い有望なお客を見つけたとします。しかしそのお客が、ライバル自動車メーカーの系列企業だったとすれば、まず受注をとることは不可能でしょう。また、与信の状態が著しく悪いお客もCランク同様の扱いをするべきです。

以上のように、ターゲティングは攻略作戦と密接に関わっているし、訪問して情報収集した結果、ターゲティングが変わることもあります。ターゲティングも、営業マンとして常に頭に入れておかなければならない営業の基本なのです。

BAD
行きやすいお客への訪問
アポをとって来てください!!
受付
ボロ…
○×工業
ガードが低い
シェア
高い
低い
B
S
C
A
購買力
低い
高い
ついつい、行きやすいほうへ行ってしまうんだよな…

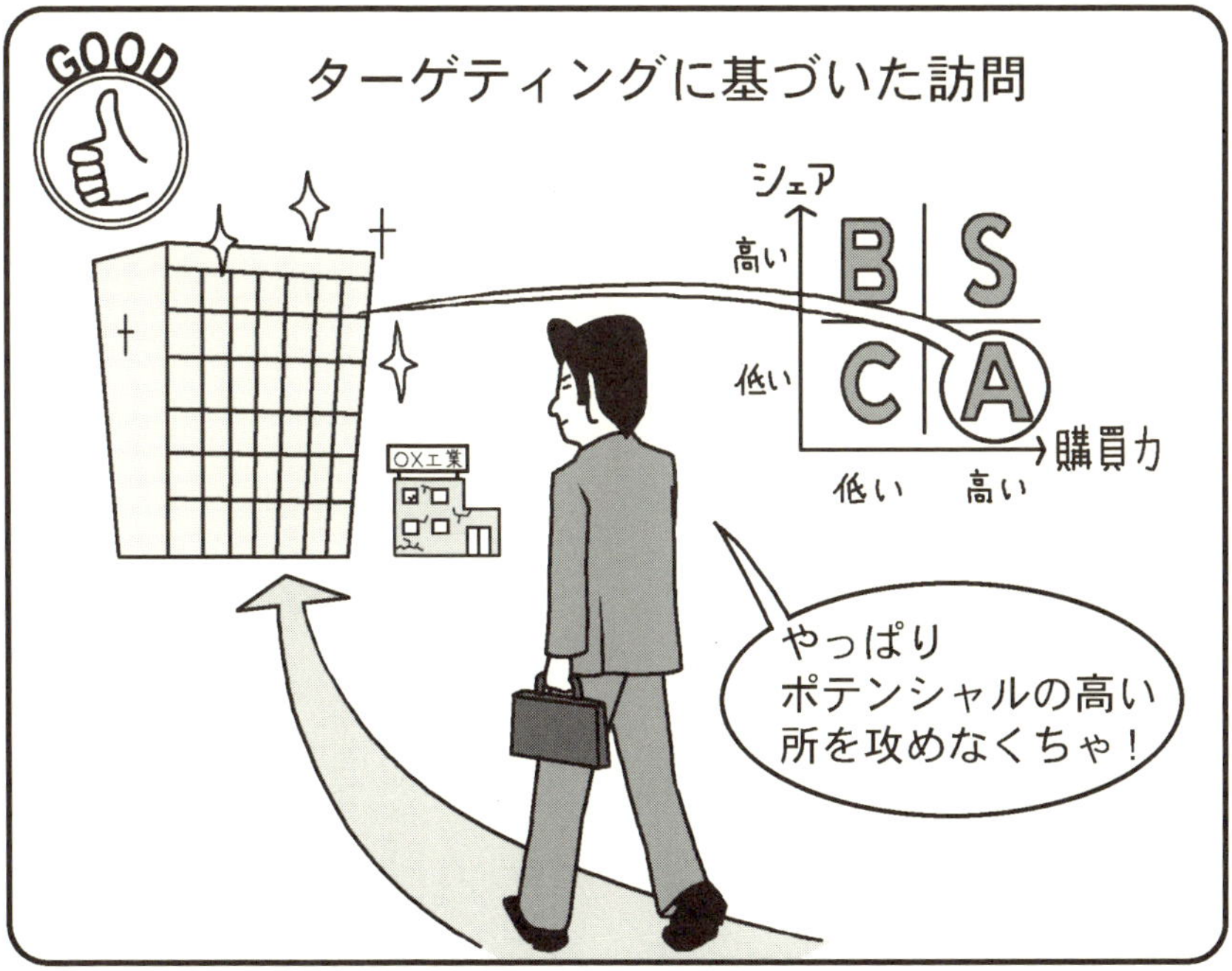
GOOD
ターゲティングに基づいた訪問
○×工業
シェア
高い
低い
B
S
C
A
購買力
低い
高い
やっぱりポテンシャルの高い所を攻めなくちゃ！

3-7 購買力を把握する方法

さて、ターゲティングを行なううえで重要な要素となるのが「購買力」です。「購買力」を調べるためには、さまざまな工夫が必要です。たとえば、法人相手のコピー機セールスであれば、対象となるお客の社員数でおおよその保有台数（すなわち購買力）が想定できます。また、工場を相手にする機械工具セールスであれば、その工場の従業者と事業内容で購買力を想定することができます。たとえば同じ工場でも、「開発」が主体なのか「組立」や「加工」が主体かによって、購買力は変わってきます。いくら従業者が多くても「開発」が主体の工場では、高い購買力を見込むことはできないでしょう。

また、その会社の売上高や資本金から購買力を想定することもできるでしょう。個人が相手の営業であれば、その人の所得や資産の大きさ、あるいはそうしたことと関係性の高いこと（住んでいる場所など）から、その人の購買力を想定することができます。

このように外部からの情報だけでも、その道のベテランになればおおよその購買力を把握することは可能です。しかし実際には、訪問しなければわからないことも多いし、正しい購買力を把握することもできません。

購買力をつかむためには、お客自身に聞いてみるのも有効な方法です。このとき、「ウチの商品をいくらぐらい購入されていますか?」と聞いても、答えてもらえないでしょう。しかし、「こういった商品は年間1000万円くらい購入されているのでしょうね?」とたずねると、「いや、そんなには購入していないなあ」などと答えが返ってくるでしょう。そこで、「では、500万円くらいですか」と聞いてみると、「いや、もう少し買っているのではないかな……」と答えが返ってきたら、購買力を「700万円くらい」とすればいいのです。

このように、購買力を想定するのも仮説思考で考えなければなりません。一番よくないのは、「行ったこともないのに購買力なんてわからないよ」と、行きやすいところばかり訪問するというパターンです。営業マンはお客の購買力をベースに、攻略のための作戦を練らなければならないのです。

BAD
仮説なしで相手に丸投げ
あのー。
こういった商品を
年間どのぐらい
購入されているんですか？
そんなの
知らないよ！

GOOD
仮説を持って購買力を把握する
年間1000万円くらいは購入されているんですか？
いや、そんなには
買っていないね
では、500万円
くらいですね？
いや、もっと
買っているよ
そうですか！
…多分700万円
くらいだな！

3-8 キーマンを把握する方法

キーマンとは、商品を購入するにあたって最も影響力を与える人のことを指します。たとえば家を購入するにあたり、ある家庭ではご主人がキーマンのこともあるし、奥さんがキーマンである場合もあります。

たとえばキーマンが奥さんであるのに、一所懸命ご主人に売り込んで好感を得たとしても、肝心の奥さんからの評価が得られていないということになると、成約することはできないでしょう。

このように、とくに高額商品を販売するに際しては、誰がキーマンなのかを押さえなければ、作戦の立てようがありません。

これが法人相手の営業となると、さらにややこしくなります。たとえば、工場に機械を売るような営業の場合、どんな機械を買うのか選ぶのは生産現場の人たちです。ただし、その機械をいくらで買うのか、どのメーカーから買うのかということを決めるのは資材部や購買部の仕事になります。さらに、こうしたプロセスを経て仕様と価格が決まった機械に対して、これを買うか買わないかを最終的に判断するのは工場長や取締役会などの経営者層となります。

また、相手の役職が高いからキーマンかというとそうではありません。肩書きは部長であったとしても、現場のことはほとんどわからず、実際の購入はすべて主任が取り仕切っているということも多々あるからです。

初取引などの場合で、誰がキーマンなのかよくわからない場合、基本は関係者すべてに会ってキーマンを探る必要があります。売り込む商品の単価が高く、相手が大組織であったとしてもキーマンはほとんどの場合1人です。誰がキーマンなのかというと、最も引合いについてくわしい情報を持っている人物、さらに購買プロセスについてくわしい情報を持っている人物と言えます。

すなわち、情報がより具体的である人物こそが、キーマンと考えるべきでしょう。いずれにしても、最初は全関係者に会わないことには何とも言えません。攻略作戦を考えるにあたっては、こうしたキーマンの探索も重要な要素となり、同時に目的ともなります。

BAD

役職だけでキーマンを決めつける

ペラペラ
こんにちは!!
今日は新しい
情報をお持ち
しました！
う〜ん
部長
いつも部長のところ
ばっかり…。
こっちは無視かよ

GOOD

役職だけに惑わされないキーマン探し

いつもお世話に
なります！
部長
最近は
いかがですか？
実は
キーマン
いつもあいさつに
来て感じがいい人
だな
こんにちは！

3-9 購買プロセスを知る重要性

先ほど「キーマンは1人」と言いましたが、ではいつもそのキーマンだけと面談していればいいのかというと、そうではありません。実際には、キーマンの他にも購入に影響を与える人（インフルエンサー）や、最終的に決裁をする人（ゲートキーパー）が存在します。

たとえば自動車を購入する際、キーマンはご主人かもしれませんが、子供たちがインフルエンサーである可能性があります。この場合、キーマンであるご主人には丁重な対応をしていても、子供たちにぞんざいな対応をして嫌われてしまうと、ご主人の購入意志に影響を与えることになります。また、ご主人とも奥さんとも、さらに子供たちともよい関係を持っていたとしても、実際にお金を出すのはおじいちゃんであるケースもあります。

この場合、ゲートキーパーであるおじいちゃんから悪い評価を受けていると、やはりご主人の購入に影響を与えることが考えられます。

これが法人相手の営業となると、相手の購買プロセスを理解しておかなければ、有効な作戦を考えることはできないでしょう。

法人の場合、購買プロセスは購入する商品単価によって変わってきます。一般的に、商品単価10万円未満であれば〝消耗品〟として、現場での決裁で購入してもらえるケースが多いようです。

しかし、単価が30万円を超えるような商品になると、〝固定資産〟として購入するための〝稟議〟が必要になってきます。さらに100万円を超えるような高額商品になってくると、あらかじめ〝予算〟をとっておかなければ購入できないというケースもあります。

このように、誰がキーマンか、インフルエンサーか、ゲートキーパーなのかを押さえ、バランスよくアプローチして好感を与えながら情報収集を行なう必要があります。

さらに、購買プロセスを頭に入れたうえで受注に至るストーリーをつくる、つまり作戦を立てる必要があるのです。相手の購買プロセスにくわしければくわしいほど、その顧客との関係性は高いと言えるでしょう。

顧客の購買プロセスを理解していない

BAD
そんなにうまくいくの?
よし!
はいはい
見積書です!
客先
見積書も出したしあとは注文を待つばかり…

顧客の購買プロセスを理解している

GOOD
さすが!!
ネゴ
稟議
稟議
客先
今週中には稟議を上げるって言ってたから、月末には資材部からネゴが来るな…
資材部
課長
主任

3-10

相手のメリットを一番に考えよう

　以上、営業活動における作戦立案のポイントについて述べてきました。要は、作戦立案にあたって「いかに相手にメリットを出すか」ということが最も重要ということです。

　お客に訪問して相手の時間をとる以上、お客にとってメリットのある情報発信や提案をするのは当然のことです。

　相手にメリットのある情報発信や提案ができていれば、たとえそのときは見積りに至らなくても、必ずそのうち見積りを出すチャンスを得て、商談に至るでしょう。

　逆に、情報発信の結果や提案の結果が思わしくない場合は、作戦が間違っていた（仮説が間違っていた）ということですから、作戦立案を再度見直す、ということになります。

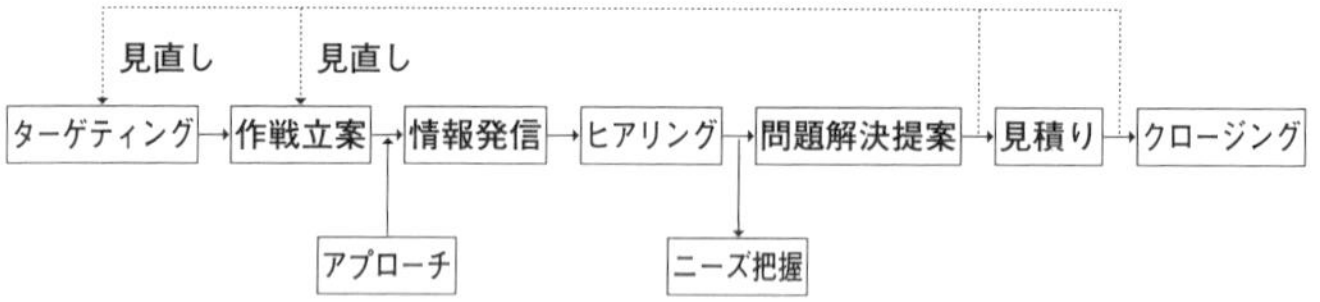
見直し
見直し
ターゲティング
作戦立案
情報発信
ヒアリング
問題解決提案
見積り
クロージング
アプローチ
ニーズ把握

　しかしときには、いかに有効な提案をしていてもまったく見積りに至らないこともあります。

　この原因としては、「購買力がない」、「キーマンが違う」ということが考えられるため、ターゲティングのところから見直しを図る必要があります（上図参照）。

　このように、訪問した結果得ることができた情報やニーズをもとに、作戦そのものやターゲティングは常に見直していかなければなりません。言い換えると、「仮説構築」と「検証」のサイクルを回すことにより、作戦そのものやターゲティングの精度を上げていくのです。

　しかし、いかにターゲティングや作戦が大切とはいえ、営業活動は人間対人間のコミュニケーションです。やはり、お客から好かれないことには話になりません。

　とくに初回訪問など、人間関係が薄い間は相手のガードを下げさせるという要素が、アプローチを行なう際や情報発信の際に必要になります。

　次章では、いかに相手のガードを下げさせていくかというポイントについて述べていきます。

BAD 売り込みに終始する営業

ちょっと今日は忙しいので…
もう帰っていいよ!
いつも売り込みばかりだな…
彼と付合ってもメリットがないな
次の新商品です!
で、次のコピー機の入替は、いつ頃を予定されているのですか?

GOOD 相手のメリットを第一に考える

いつも情報悪いねぇ
今度の購入の時は彼に頼もう…
先日御依頼がありました、個人情報保護法の資料です

4章

相手のガードを下げさせるアプローチのポイント

4-1 客先へのアプローチで求められること

さて、攻略作戦を立てたら次のプロセスとしては客先へのアプローチとなります。客先にアプローチするためには、

①電話でアポをとる
②アポなしで訪問する

という、いずれかの方法をとることになります。より確実に商談をつくるという視点で考えると、①電話でアポをとる、という方法を選択するべきです。そのためには、「相手のガードを下げさせる」ということが一番大切なことです。

また、情報発信を行なう際についても同じです。情報発信を行なううえで最も大切なことは、相手にこちらの話を聞いてもらうということです。

そのためにはこちらの売り込み色を消し、まずは相手のガードを下げさせて〝聞く耳〟を持たせることが、情報発信の初めのプロセスなのです。

つまり、商談をつくる営業プロセスにおいて成功するための前提条件は、「相手のガードを下げさせる」ということに尽きます。そのための要素としては次のことがあげられます。

①服装
②持ち物
③話し方
④座る位置
⑤動き・立ち振る舞い

「相手のガードを下げさせる」ために必要なことは、話し方だけではありません。服装、持ち物、さらに動きや立ち振る舞いから座る位置までが、相手に与える印象として影響してきます。

このように「相手のガードを下げさせる」というスキルは、複合的要因からなる立派な営業スキルなのです。さらに、セールストークを開始する以前に、①～⑤の要素ですでに勝負がついてしまうケースもあります。

次項から、相手のガードを下げさせるための各要素について説明していきたいと思います。

BAD
一方的に、こちらの要求を押しつける
注文出せ!!
ピュー
ぬぐもんか!!
早くコートを脱げ!!
そんなやり方じゃダメだよ

GOOD
まずは相手のガードを下げさせる
なるほど…
持ち物
服装
動き・立ち振るまい
座る位置
話し方
ポカポカ
暑いな～

相手のガードを下げさせる服装・身だしなみ

4-2

服装・身だしなみは、営業に大きな影響を与えます。心理学の有名な法則で〝メラビアンの法則〟があります。これは、「見た目」だけでその人の第一印象の70％以上が決まってしまう、というものです。別名〝第一印象の法則〟とも呼ばれますが、要は「見た目」で、その人の印象がほぼ決まるということなのです。

そして、一度与えた印象をくつがえすためには、相当の労力を必要とします。

では、営業マンとしてどのような第一印象を与えるべきかというと、やはり「相手のガードを下げさせる」ということに尽きます。

そもそも、「相手がガードを下げる」ということは、こちらに共感している、あるいは不安を感じていない、ということです。

相手のガードを下げさせるための服装・身だしなみの要素として、次のことがあげられます。

①額を見せる髪型にする
②ネクタイはエンジか黄色を主体とする
③長袖のシャツと上着を着用する
④白いシャツを着用する
⑤髭はきれいに剃る
⑥ズボンのプレス（折り目）が消えないようにする
⑦靴はきれいに磨いておく

上記①～②は、こちらを明るく見せるための要素です。①の理由は、額が前髪で隠れると表情が暗く見えるからです。

③～④は、相手に誠意を示す要素です。夏でもシャツは長袖が基本、訪問時は上着着用が基本です。

⑤～⑦は、相手を不安にさせないための要素です。〝だらしない〟要素を見せると相手は不安になり、ガードが上がります。

このように、「相手のガードを下げさせる」ための外的要素としては、①こちらを明るく見せる、②相手に誠意を示す、③相手を不安にさせない、の3つです。つまり服装や身だしなみは、この3要素を満たす必要があるのです。

BAD
相手を警戒させる服装と身だしなみ
本当にアポとってんの？
あの～
社長
いらっしゃいますか～

GOOD
相手のガードを下げさせる服装と身だしなみ
どうぞどうぞ
70%
こんにちは!!
13時でお約束した
○○と申しますが…
この人なら
信頼できそう…

4-3 信頼される営業マンの持ち物

服装や身だしなみに加えて、持ち物も「相手のガードを下げさせる」うえで重要なポイントになります。

以下に、営業マンの主な持ち物と、そのポイントについて述べます。

①カバン

不必要に高価なものや派手なものは、相手に不安を感じさせます。

また、肩からさげるタイプのものも安っぽい印象を相手に与えます。手持ちタイプの黒か茶色のシンプルなものを選びます。

②名刺入れ・名刺

たくさんの名刺で名刺入れがふくらんでいる営業マンをたまに見かけますが、これはNGです。また、自分の名刺は汚れや折り曲げに注意し、そうなってしまった場合には迷わず破棄します。

③腕時計

妙に安っぽいもの、あるいは不必要に高価な腕時計や、男性が女性用の腕時計をしていると相手に不安感を与えます。

④ペン・手帳

やはり、妙に安っぽいもの（どこかの粗品など）や子供っぽいものは相手に不安感を与えます。ペンや手帳などのステーショナリーにはそれなりにこだわったほうがいいでしょう。

⑤議事録

営業マンが常に持ち歩いたほうがよい持ち物のひとつです。相手に誠意を示し、信用を得るうえでよいアイテムです。

⑥カタログ

折れ曲がったカタログや、カバンに入れっぱなしで痛んだカタログは相手に不安感を与えます。

持ち物についても、①相手に誠意を示す、②相手を不安にさせない、という要素が求められます。

短時間のうちに相手のガードを下げさせなければならない営業マンにとって、持ち物の選定も重要なことなのです。

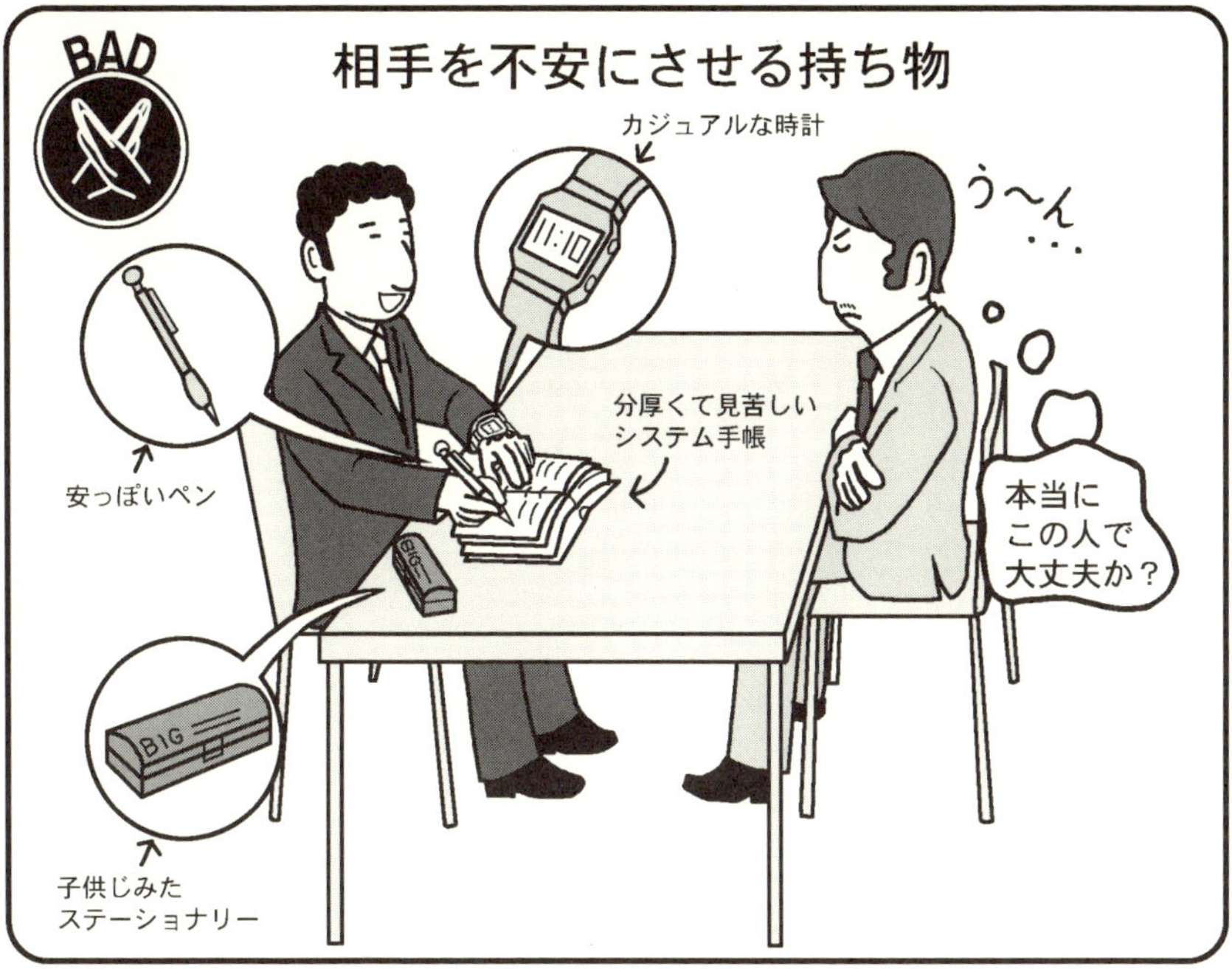
BAD
相手を不安にさせる持ち物
カジュアルな時計
う〜ん…
安っぽいペン
分厚くて見苦しいシステム手帳
本当にこの人で大丈夫か？
子供じみたステーショナリー

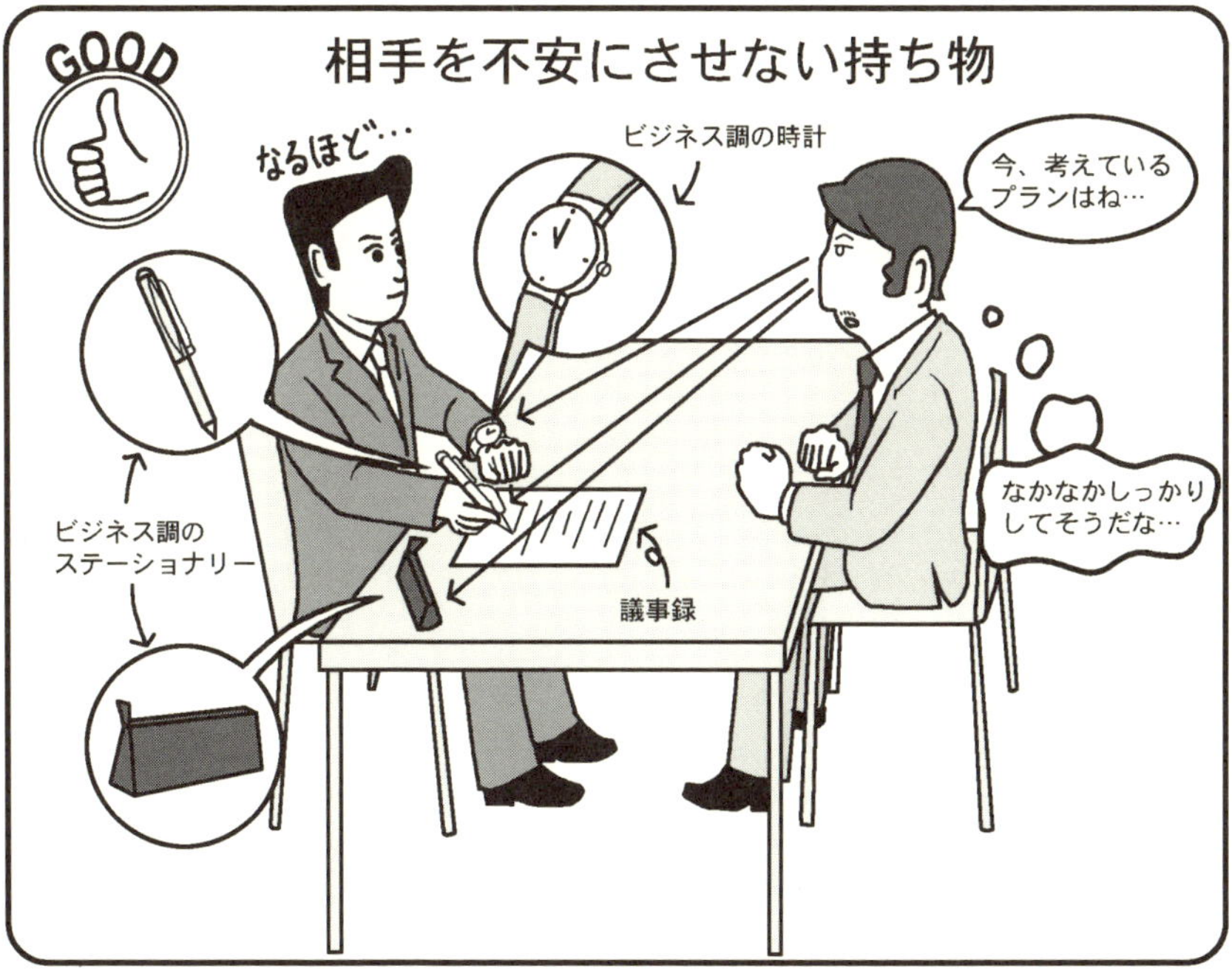
GOOD
相手を不安にさせない持ち物
なるほど…
ビジネス調の時計
今、考えているプランはね…
ビジネス調のステーショナリー
議事録
なかなかしっかりしてそうだな…

4-4

相手のガードを下げさせる電話アポのポイント

さて、アプローチの方法としてベストなのは「電話でアポをとる」ことであると述べました。アポなしでの訪問（あるいは飛び込み営業）のデメリットを以下に示します。

①相手と面談できる確率が低い
②こちらのイメージが悪くなる
③相手が法人の場合、アポなしだと会ってもらえないことが多い
④商談に充分な時間をとってもらえない可能性が高い
⑤相手のガードが上がる

このように、アポなしでの訪問は商談が始まる以前から、こちらの心証を悪くする可能性が高いのです。とくに、初回アプローチの場合は必ず電話でアポをとるようにします。

初回アプローチにおいて、電話でアポをとるためには次の2ステップを踏まなければなりません。

ステップ1：先方のキーマンに電話をつないでもらう
ステップ2：訪問日時を確定してアポをとる

相手が法人などの場合、まず電話をとるのは事務の女性である場合が多いものです。たとえば、こちらの売り込みたい商品がコピー機であれば、電話を総務の担当者につないでもらう必要があります。つまり、先方のキーマンとコンタクトをとらなければなりません。これがステップ1です。

次に、そのキーマンとの間で訪問日時を確定させて、アポをとるプロセスがステップ2となります。

相手が一般家庭の場合には、電話に出た人とアポをとればよいでしょう。

しかし、法人が相手の場合には、この2ステップを意識しなければなりません。法人の場合は担当が専門分化されています。担当外の人に、いくら一所懸命に商品説明をしたところでアポをとることはできないのです。

ステップ1とステップ2では「相手のガードを下げさせる」ことが重要な点は同じですが、やり方やポイントが異なります。次項から、ステップ1とステップ2の手法とポイントについて述べます。

BAD
アポなし飛び込み営業のケース
課長、コピー機の販売だそうですが…
断られてからが営業だ!!
帰ってもらって
今忙しいから…

GOOD
アポ取り新規開拓のケース
課長、今日の 13 時のお約束ということで○×商事の方が来られてますが…
断られないように営業しよう
ああ、応接にお通しして…

4-5 電話アポで担当者につないでもらうポイント

先ほども述べましたが、相手が法人の場合には役割が専門分化されていますから、自分が売り込みたい商品を担当している人（担当者）と話をしなければ意味がありません。もし相手が小規模の会社であれば、担当者とは必然的に社長になります。

相手の会社に電話をかけた場合、電話をとるのはほとんどの場合は女性事務員です。ここで最も重要なことは、「こちらの売り込み色を消す」ということです。ですから、この段階で流暢なセールストークを展開する必要はまったくありません。むしろぎこちなく、相手から「この人、営業というよりは技術者みたい……」と思われるくらいのほうが効果的と言えます。

次に重要なことは、相手はこちらの商品のことなどまったく知らないし、興味もないということです。そうした中で電話をとった人に、「なるほど、この電話は○○さんにつないだほうがいいな……」と思わせるためには、誰にでも理解できるわかりやすい利点を訴求する必要があります。

たとえば、「コピー費用が大幅に削減できる提案をさせていただきたいのですが、どなたか総務のご担当の方はいらっしゃいますか？」という感じです。

売り込む商品が産業機械など、難しいものであったとしても「工場での生産コストダウンに貢献する商品ですが、どなたか生産技術のご担当の方はいらっしゃいますか？」といった話し方がよいでしょう。どこの会社でもコストダウンには熱心に取り組んでいます。

また、女性のほうがコピーで裏紙を使うなど節約にも熱心ですから、「コストダウンに貢献する商品なのですが……」という利点を訴求するのがよいでしょう。とは言え、いきなり「コストダウンにつながる商品をPRしたいのですが……」と切り出しても、相手から警戒されます。たとえば「人が行なう目視検査を画像処理でできるユニットでございまして……」といった形で、少しだけ専門用語を冒頭に取り入れるのもポイントです。技術的色合いが強くなると、「これは、○○さんにつないだほうがいいかも」と相手に思わせる要因となるからです。

BAD
電話をとった人がキーマンとは限らない
ウチのコピー機は通常カウンター方式のところがトナー方式でして…
ウチは結構です!!
この人の言ってること、ワケがわかんない…
とにかくアポを取らなきゃ!
つまりですね、今お使いのカウンター方式と比べて…

GOOD
まずはキーマンに電話を回してもらおう
コピーのコストダウンにつながる新商品の御案内なのですが…
なるほど…
それなら総務課長に回しましょう!

確実に電話アポをとるためのポイント

4-6

さて、担当者に電話をつないでもらったら、あとはうまくアポをとるばかりです。確実に電話アポをとるためのポイントとして、次の3つのことがあげられます。

①売り込み色を消す
②相手に負担をかけない
③YES・NOクエスチョンにすること

まず「売り込み色を消す」ということですが、これは相手のガードを下げさせるために必要なことは、前にも述べた通りです。お客は「売り込まれる」と感じたら、その営業マンとは会おうとしません。

次に「相手に負担をかけない」とは、言い換えるとお客への気配りのことです。たとえばアポとりの電話をかける際には、相手が忙しいと思われる時間帯（始業間際、昼休み、終業間際）は避けるようにします。また、アポをとる際に相手が「うーん、多分いると思うけどわからないな……」というニュアンスの回答だった場合には「もし、ご不在なら資料だけ置いて引き上げます」と返すようにします。そもそもアポをとりたいのは、こちら側の勝手な都合にすぎません。相手の心理的負担になるようなことは、極力避けるようにします。それが、訪問時に相手への心証をよくすることにつながります。

最後の「YES・NOクエスチョン」とは、文字通りYESかNOかで答えることができる質問のことです。たとえばアポをとるときには、「来週の火曜日の午後はいかがですか？」と聞くのがベターです。断られたら「でしたら、木曜日の午前中はいかがですか？」と続けます。

逆に、YESかNOで答えることができない質問のことを「オープンクエスチョン」と言います。たとえば、「来週のいつでしたらお時間とれそうですか？」という質問です。一見、後者の聞き方のほうが相手を立てているように見えますが、オープンクエスチョンは相手に考える負担を強いることになります。その結果、「いつも忙しいよ！」と、アポを断られることにつながります。質問ひとつでも、相手に負担をかけないことが重要なのです。

BAD
オープンクエスチョンは相手に負担をかける
いつでしたら
お時間いただけますか？
私は
いつでも
結構です！
う～ん
ヒマな日なんて
ないよな…
だいたいヒマ
なのかこの人は…？
課長

GOOD
電話でのアポ取りはYES・NOクエスチョンで
たとえば、来週火曜の
午後か木曜の午前中は
いかがですか？
じゃあ、来週の
火曜日で…
課長

訪問前に注意すべきこと

4-7

客先への訪問時（とくに初回訪問）に注意するべきこととして、以下のことがあげられます。

①事前の情報収集を行ない、作戦を立てておく
②忘れ物をしない
③アポの時間に遅れない

事前の情報収集や作戦立案の必要性については前項で述べた通りですが、要は「手ぶらで訪問しない」ということです。初回訪問に限らず、営業の基本はお客が喜びそうな〝ネタ〟を持って訪問するということです。

次に〝忘れ物をしない〟ということについて、営業マンとして「これを忘れたら信用を失墜する」というものが、いくつかあります。

たとえば〝名刺〟を忘れるということは、営業マンとして決定的に信用を落とします。また〝名刺を切らしてしまう〟ということにも注意しなければなりません。名刺は最低1箱程度の予備を持ち、常に鞄に入れて持ち歩くべきでしょう。

また、「信頼される営業マンの持ち物」以外にも〝電卓〟、〝印鑑〟、〝修正印〟などは営業マンであれば常に持ち歩くべきです。

また、〝アポの時間に遅れない〟ということも当然のことです。とくに経営者や上位の役職者になると、〝時間を守る〟ということについて非常に重視している方が少なくありません。万一遅れる場合は、迷わず先方に電話を入れます。「申し訳ございません。前のところで少し長引いてしまいまして、お約束の時間に○分ほど遅れてしまいそうなのですが、大丈夫でしょうか？」といった感じのトークになるでしょう。

朝一番のアポの場合は、「事務所を出るのが遅くなってしまいまして……」というのが無難ではないでしょうか。「寝坊しました」などというのは一発で信用を失います。

また、実際はそうではないのに「電車が遅れました」、「道が混んでいました」などのウソは、結構相手にバレるものです。ウソをつくというのは致命的に信用を失うため、絶対に避けるべきです。

初回訪問での遅刻は絶対に禁物

BAD
アホ〜
ひえ〜、
こんなに混む
なんて…
完全に
遅刻だ〜

初めての訪問先は万全を期すこと

GOOD
さすが!!
絶対に遅れないように、客
先の近くで昼食にしよう…
MAP

4-8 相手のガードを下げさせる訪問のポイント

さて、相手とのアポがとれ、訪問の準備ができたらいよいよ先方に訪問することになります。このとき、相手が大手企業であれば守衛所から受付を経て、商談室や打ち合わせスペースに入ることになります。守衛所では、訪問先の部署や先方の担当者の氏名を所定の用紙に記入させられるケースが大半です。この用紙には先方の担当者のサインをもらうケースがほとんどなので、用紙への記入は丁寧にきれいな字で書くようにします。

守衛所で訪問手続きを終えると、次に受付から先方の担当者を呼び出してもらうことになります。最近は受付に人を置かず、電話機だけを置いて内線で呼び出すようなケースがほとんどです。内線で先方の担当者を呼び出す際には、明るくはっきりと自信を持った口調で話します。

こうした訪問時のポイントとしては、次の3つのことがあげられます。

①守衛や受付の人に対しても丁寧に対応する

②仮に初回訪問であったとしても、常連のように振る舞う

③先方の社員の方には、必ず明るく挨拶をする

守衛や受付の人ばかりでなく、お茶を持ってきてくれる事務員に対しても丁寧に振る舞うのが営業マンの基本です。仕事ができない人に限って、お茶を持ってきてくれる事務員などに対して横柄に振る舞うものです。

そうした態度は、回りまわって相手のキーマンの耳に入るし、それ以前に人間性が求められる営業マンとして、するべきことではありません。

また、初回訪問であったとしても自信のない態度や言動は、逆に相手のガードを上げることにつながります。あたかも常連の出入業者のように自然に振る舞うことで、相手のガードを下げさせることになります。ドアを開けて先方の会社の事務所に入って行くときも、常連の出入業者になった気分で行動しましょう。

もちろん、先方の会社の社員と会ったりすれ違ったときには、必ずこちらから明るく挨拶をするべきことは言うまでもありません。

初回訪問丸出しの態度

BAD
この人
何屋さん
なの？
あやしぃ
わね…
オロ
オロ
えーと、
あの〜、
○×商事と
言いますけど、
田中課長は
おられますか？

相手の会社に自然に溶けこむ

GOOD
明るくて
感じのいい
人ね…
どうぞ
どうぞ
ピシッ
こんにちは！
○×商事の山田と
申します！
田中課長とお約束
しているのですが…

4-9

座る場所も重要なポイント

応接室や商談コーナーに通された際、どこに座るかも重要なポイントです。営業マンとして、どこに座るかというのは、

①ビジネスマナーの視点
②心理学上の視点

という2つの視点から考えられます。

ビジネスマナーの視点で考えると、

・下座（ドアから一番近いところ）に座る
・1人がけのイス（ソファー）と複数人がけのイス（ソファー）がある場合には、複数人がけのほうに座る

というのが基本です。

心理学上の視点で考えると、

・相手の右横に座る

のがベストな選択となります。

人間が相手に最も親近感を抱かせる場所は、その人の真横です。商談でお客さんの横に座るわけにはいきませんから、斜め横に座るのです。

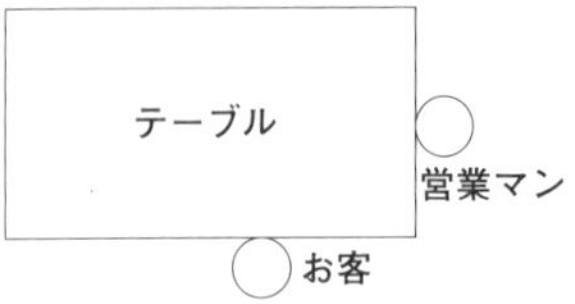

なぜ右横なのかと言うと、人間は自分の心臓に何かが近づくことに対して無意識のうちに警戒します。左横よりも右横のほうが心臓から離れているため。右横がベストなのです。

逆に最もまずい選択は、お客の真正面に座るということです。人間は無意識のうちに、自分の真正面にあるものに対して対決姿勢をとろうとします。

ですから部屋のレイアウトなどの関係で、お客の正面に座らざるを得ない場合は、相手の真正面は避けて、少し横にずれるようにします。

実際には、ほとんどの会社の商談スペースや部屋はお客の目の前に座らざるを得ないつくりになっています。

しかし、上記に述べたことを知っておけば、意識して相手のガードを下げさせるポジションをとれるはずなのです。

こうしたことは〝ささい〟なことかもしれません。しかし、こうした細かいベストの積み重ねが、長いスパンで見ると大きく影響してくるのです。

BAD
相手の真向いに座るのは対決姿勢
バチ
バチ

GOOD
相手の真正面は避けて座る
サッ

お客を待つ間にすべきこと

4-10

商談室に通され、お客が出てくるまでにすべきこととして次のことがあげられます。

①手帳や議事録を広げておく
②会社案内やカタログを机の上に出しておく
③室内を見渡し、お客の価値観や趣味、嗜好をつかむ

相手と話をするときに、手帳や書くものを用意するというのは最低限のマナーです。お客が部屋に入ってきたとき、机の上に手帳や議事録が開かれていれば、こちらの誠意が相手に伝わります。

会社案内やカタログについても同じことが言えます。相手のガードを下げさせるうえでは、こちらの〝手の内〟を見せてしまったほうが効果的です。なかには〝駆け引き〟の意味も含めて、直前まで会社案内やカタログを取り出さない人もいます。

しかし、こちらの誠意を相手に伝えるためには、最初から机の上に置いておくほうが無難ということです。

このようにお客を迎える準備ができたら、部屋の中を見渡してみます。大手企業の商談スペースはともかくとして、企業の会議室や応接室の場合には、書籍や置物あるいは絵画、表彰状やトロフィーなどが飾られているはずです。

どのような書籍や置物、絵画が飾られているかによって、その会社の経営者の趣味や価値観を伺い知ることができます。

たとえば、中国古典に関わる書籍が多く置かれているということは、経営者がそうしたことに興味があるということです。また銀行マンなどは、応接室にゴルフのトロフィーなど、社長の個人的な趣味（遊び）に関わるものが飾られていると、その企業に対して高い評価をしないと言います。

さらに表彰状やトロフィーなどを見ると、それが取引先企業からの感謝状だったりすることが少なくないため、どんな取引先がメインなのかがわかります。

こうしたことを押さえておくことで、次のプロセスである〝情報発信〟に向けて、スムーズな話の導入を図ることができるのです。

BAD
情報収集のチャンスを見逃す営業
カレンダー
5
○×産業
ボ〜ッ
約束の時間
過ぎてるのに
遅いなー

GOOD
常に情報収集を怠らない営業
カレンダー
5
○×産業
社史
なるほど。
こんな会社と
取引して
いるのか…
カタログ

5章

相手の心を開く情報発信・ヒアリングのポイント

5-1

営業活動における情報発信の目的

さて、前章では営業のプロセスにおけるアプローチの方法について述べてきました。本章では、その次のプロセスにあたる「情報発信」について述べていきます。以下に、〝商談をつくるための営業プロセス〟を示しますが、下図に示す通り情報発信の目的はお客のニーズを把握するということになります。

たとえばＯＡ機器販売の営業マンの場合、「御社ですと、コピーからＦＡＸ、スキャナまでの機能を一体にしたこちらの複合機がおすすめですが、いかがでしょうか？」と情報発信をしたとします。するとお客が、「ウチはコピーの枚数が多いから、できるだけスピードが速いやつがいいんですけどね……」と返してくれると、そのお客のニーズは「印刷速度の速いコピー機」ということになります。

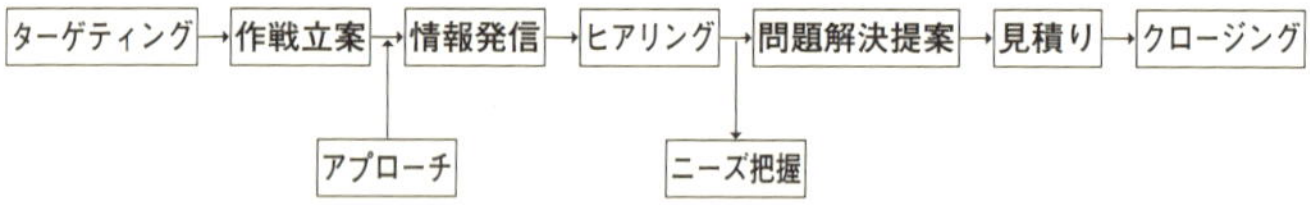
ターゲティング
作戦立案
情報発信
ヒアリング
問題解決提案
見積り
クロージング
アプローチ
ニーズ把握

つまり、こちらが情報発信をしたことによって、お客はニーズを明らかにしてくれたわけです。

さらに、くわしくお客のニーズを把握するためにヒアリングを続けます。たとえば、「ということは、当然紙詰まり防止などの信頼性も重要かと思いますが、現状の機種には満足されていますか？」、あるいは「紙の補給ができるだけ楽なタイプがよろしいですね？」といった質問をお客に投げかければ、お客がどのようなコピー機を必要としているのかというニーズを把握することができます。

大切なことは、とにかくお客に情報発信を行なうことです。たとえば先ほどのＯＡ機器販売の例で言えば、営業マンは当初の仮説として「コンパクトな複合機」がお客のニーズであると考えていました。しかし実際には、「大量の印刷をさばけるコピー機」がお客のニーズだったのです。

情報発信で相手に伝える情報というのは、ニーズを引き出すための〝呼び水〟にすぎません。情報発信の目的は決して〝売り込むこと〟ではないのです。

BAD

営業プロセスを無視した情報発信

…と、こんなに高性能な商品なのですが、御社でも1台いかがですか？
ウチは結構です！
「情報発信」の目的はとにかく「売り込み」！

GOOD

営業プロセスに基づいた情報発信

…と、このようなメリットがあるのですが、御社では現在どのようにされていますか？
ウチの場合はですね…
「情報発信」の目的はヒアリングして「ニーズ把握」

情報発信につなげる初めの導入

5-2

さて、情報発信を行なうにしても、いきなり本題から切り出すのはお互いに抵抗があります。まずは、当たり障りのない話から入り、お互いにアイスブレイクできてから本題に入ります。

情報発信につなげる導入部、言い換えるとアイスブレイクのための話題として適切なものとして、以下のようなものをあげることができます。

①天気の話題
②景気の話題
③その会社の話題

①の天気の話題は、いわば最も無難な話題と言えるでしょう。たとえば、「今朝は少し冷えましたが昼からは暖かいですね」といった感じです。無難な話題なだけに、当たり障りはありませんが、それだけに相手から得られるものも少ない会話となります。

②の景気の話題は、比較的無難で相手から情報も引き出しやすい話題です。ただし、「景気のよい業界」なら問題ないのですが、「景気が悪い業界」で「景気が悪いですね」とネガティブな発言で終わらせるのは絶対にNGです。

たとえば、「景気は厳しいですが、○○のようなことをされているところは好調なようですよ」と、あくまでもポジティブな方向に話を持っていきます。

③のその会社の話題については、基本はその会社のことを褒める内容に持っていきます。たとえば「立派なエントランスですね」、「歴史のある会社ですね」といった具合です。

相手との人間関係が充分にできるまでは、趣味や嗜好の話を最初に持ち出すのは避けたほうが無難でしょう。人間関係もできていない相手から自分のプライベートなことを詮索されるのは、誰しも気持ちのいいものではありません。

たとえば上記の話題、①⇩②⇩③のステップで話を進めていけば、お互いに無難な話からビジネス上の接点を見出すところまで話を進められるのではないでしょうか。

いきなり本題から入る

まずはアイスブレイクを行なう

情報発信3つのステップ

5-3

　さて、この情報発信は次の3つのステップで行ないます。

ステップ1：相手のガードを下げさせる
ステップ2：相手のメリットを訴求する
ステップ3：質問を投げる

　まずは相手に、「ああ、この人は無理やり何かを売りつけようとしているのではないのだな」と理解してもらうことが必要です。相手のガードが上がった状態でいくら情報発信を続けても、相手の共感を得ることはできないからです。最初のステップとしては相手のガードを下げさせ、こちらの話を聞いてもらえる体勢に持っていくことが必要なのです。これがステップ1の「相手のガードを下げさせる」ということです。

　次に、「この話は自分にとってメリットのある話なんだ」と相手に認識させることが必要です。友達との会話ならまだしも、まったくの他人である営業マンから、自分にメリットも何もないような話など聞きたくはないでしょう。逆に、自分に何らかのメリットのある話であれば耳を傾けてくれるでしょう。これが、ステップ2の「相手のメリットを訴求する」ということです。

　さらにステップ3として、「質問を投げる」ことでヒアリングへとつなげます。情報発信の目的とは前項でも述べた通り、「お客のニーズを把握する」ということです。ということは、こちらが相手に情報を投げる「情報発信」から、相手のニーズを探るための「ヒアリング」に早い段階でつなげなければなりません。これが、ステップ3の「相手に質問を投げる」ということなのです。

　たとえば、先ほどのOA機器営業マンの情報発信をこのステップに置き換えると……

ステップ1：最近よく売れている機種で、セールをしているのですが……
ステップ2：これ1台でコピー・FAX・スキャンができて作業効率が上がります！
ステップ3：こういった複合機は現在お使いになっていますか？

といった要領になるでしょう。

BAD
行きあたりばったりの情報発信
ニーズ
ブン
ブン
くそー！
どうすれば
ニーズを
つかめるんだ!!
そんなこと
するよりも…

GOOD
ステップを踏んだ情報発信
ニーズ
きちんとステップを
踏めば、到達できるよ!!
ステップ3
「質問を投げる」
ステップ2
「相手のメリットを
訴求する」
ステップ1
「相手のガード下げさせる」
なる
ほど!

5-4 情報発信で相手のガードを下げさせるポイント

情報発信の最初のステップは「相手のガード」を下げさせるというステップです。相手のガードを下げさせるためのポイントとして、以下のことがあげられます。

①訪問の目的を明確にする
②売り込みではないことを明確にする
③なぜ、この商品をPRするのかを明確にする

最初のポイントとして、まずは訪問の目的を明確にします。人間は相手の目的や動機が不明確だと、不安になる傾向があります。「今日は新商品のご案内でお伺いいたしました」というように、まずはこちらの訪問目的を明確にします。

次に、あくまでも「売り込みではない」ということを明確にします。たとえば「また今後、コピー機を更新される際にはぜひご検討いただければと思っているのですが」と、このように前置きされることでお客は、「ああ、今日いきなり売り込まれるわけではないのだな」とガードを下げて聞いてくれます。

また、なぜこの商品をPRしているのかという「理由」を明確に伝えることも、相手のガードを下げさせることにつながります。

たとえば、「最近、この機種が非常によく売れていまして……」という切り込み方も有効です。お客というものは「まわりも買っている」、「売れ筋商品」という言葉に弱いものです。あるいは、「今、この商品のキャンペーンを行なっていまして……」ということでもいいでしょう。お客からすれば、「なるほど、キャンペーンをやっているからPRに来たのか……」と納得しやすくなります。

とにかく、相手のガードを下げさせるためには、「なぜ、自分がこの商品をPRしたいのか」という理由をきちんと相手に伝える必要があります。

理由が不明確なまま、とにかくPRされるというのは聞く側にとってはかなり苦痛ですし、「売り込まれるのでは？」と受け取られてしまいがちだからです。人間は相手の動きが読めないと、不安になってしまうことを忘れてはいけません。

BAD
情報発信の動機・目的が不明確
イヤです!
とにかく
奥さん、
少しだけお時間を
もらえませんか?

GOOD
情報発信の動機・目的が明確
それなら
話を聞こうかな…
更新の際に
検討ください
期間限定
キャンペーン中
です
最近とても
売れてます!
というわけで、
PRだけさせて
いただければ…

相手のメリットとは何か

5-5

情報発信の二番目のステップは、「相手のメリットを訴求する」ということです。情報発信と言うと、自社の商品の仕様や特徴を長々と話す人もいますが、そうではありません。その商品を購入した結果、どのようなメリットがあるのかをお客に訴求するのが、このステップです。

たとえば、ここに1台の高性能掃除機があり、営業マンがあなたに説明をしてくれたとします。

「この掃除機は、通常の掃除機よりも2倍以上の高出力モーターを搭載しています。それにフィルターレスで、強力な吸塵能力を長時間維持することができます」

これは営業マンが商品の「特徴」を主体に説明を行なったケースです。これに対して、

「この掃除機は非常に強力で、雑巾で拭いたのと同じような仕上がりになります。こぼしたミルクなどの水分も吸えますし、これ1台あれば、ご自宅の掃除はすべて行なうことができます」

こちらは、営業マンが商品の「メリット（利点）」を主体に説明を行なったケースです。

いかがでしょうか？　明らかに後者のほうが「もう少し話を聞いてみようか……」と感じられたのではないでしょうか。

また、この高性能掃除機を情報発信する場合、その相手によってメリットが異なります。もし相手が主婦であれば、「これ1台ですべての掃除が楽にできる」ことを訴求するべきでしょう。

しかし、相手がご主人であれば、「この掃除機は主婦の方から非常に喜ばれています」となります。

このように、商品をPRする際に「相手にとってのメリットは何か」ということを常に考える癖をつけておくことが、営業マンにとっては重要なことです。

商品を売るためのポイントは、決して売り込むことではありません。ひたすら、相手にとってのメリットを訴求することこそ、商談をつくり成約に至らせるポイントなのです。

BAD
特徴を前面に出した情報発信
この掃除機は通常の倍以上の高出力モーターを搭載していてフィルターレスで…
帰って
ください!!
もっとメリットを
言ってよ!
特徴

GOOD
メリットを前面に出した情報発信
この掃除機なら雑巾がけと同じ効果があります
試して
みようかな
へぇ～
メリット
特徴

5-6 人は自分の言葉で説得される

情報発信の三番目のステップは「質問を投げる」ということです。たとえば前項の高性能掃除機のケースで言うと、「今はご自宅のお掃除に、掃除機と雑巾をご使用されているのですか?」となるでしょう。あるいは、「ご自宅には小さなお子様はいらっしゃいますか?」という質問も考えられます。

このように「質問を投げる」ことによって、〝情報発信〟から〝ヒアリング〟のプロセスに移ります。ヒアリングの目的は相手の「ニーズを把握」するところにあります。

しかし、「質問を投げる」ことの目的は相手のニーズを把握することだけではありません。本来は、売り手である営業マンが言わなければならないことを、買い手であるお客に言ってもらうことで、より説得力を増す効果があるのです。

たとえば営業マンが、「この掃除機をご購入いただければ、ご自宅のお掃除も早くきれいにできますよ!」と売り込むよりも、以下のように相手に質問を投げ、相手に考えさせて自らの口で発言してもらったほうが、より説得力が増すことがわかります。

営業マン「この掃除機を御使用いただくと、早くきれいにお掃除ができそうですか?」

お客「そうですね。今までよりずっと早くできそうだし、きれいになりそう!」

このように、人は自分の言葉に最も説得されるのです。

余談ですが、こうしたテクニックが有効なのは、営業活動だけではありません。教育においても有効です。たとえば、「営業予算を達成するために新規開拓しろ!」と一方的に押し付けるよりも、「営業予算を達成させるためにはどんな方法がいいと思う?」と相手に考えさせたほうが、より高い動機づけができるのです。

よく、「営業は相手にしゃべらせろ」と言いますが、これはこちらがじっと押し黙る、という意味ではなく、相手に効果的な質問を投げて相手に発言させる、という意味なのです。

BAD
自らが説得のためにしゃべる
奥さん どうかしましたか?
この人 しつこいんです!!
ほら、これが あれば 便利でしょ！
グィ〜ン

GOOD
質問を投げてお客に話させる
うむ
これはかなり 便利ね！
ねえ あなた 買ってよ
この掃除機が あれば、お掃除 は楽になりそう ですか？
グィ〜ン

5-7 ヒアリングを成功させる3つの質問法

さて、このように営業活動において重要なプロセスである「ヒアリング」ですが、ヒアリングを成功させるためには、次の3つの質問を活用していくことが有効です。

ここで、ヒアリングを成功させる3つの質問を下記に示します。

①状況質問…相手の状況をたずねる
②問題質問…相手が抱えている問題をたずねる
③解決質問…抱えている問題を解決できるかたずねる

この3つの質問によってヒアリングを進めた場合の例をあげると、

営業マン「ご家庭には小さなお子様はおられますか?」…①状況質問

お客「ええ、うちは4歳と2歳の男の子がいます」

営業マン「お子様が飲み物をカーペットにこぼしたり、落書きをしたり、そんなことはありませんか?」…②問題質問

お客「ああ、それはよくありますよ。本当に困っています」

営業マン「こちらの掃除機でしたら、付属の洗剤をこのように使っていただくと、汚れたカーペットもこんなにきれいになります。奥様のところでもお役に立ちそうですか?」…③解決質問

お客「こんなにきれいになるの! これは便利ね!」

と、このようになります。これをまとめると、

「状況質問」の目的は、相手の状況をこちらが把握して、相手が抱える問題について、こちらが仮説を立てることにあります。

「問題質問」の目的は、こちらが立てた「仮説」を質問という形で相手に投げ、相手が抱える「問題」を明確にすることにあります。

「解決質問」の目的は、相手が抱えている「問題」を解決できる具体的な方法を提示すると同時に、本当の意味での相手のニーズを明らかにすることにあります。

それぞれの質問の目的が得られるまで、あらゆる角度から相手に質問を投げていく必要があるのです。

BAD
いきあたりばったりのヒアリング
ニーズの門
くそっ！
どうやったら
開くんだ？
この3つの鍵を
順番に入れたら
開くよ！
そんな
無理
せずに…
状況質問
問題質問
解決質問
1
2
3

GOOD
3つの質問法を活用したヒアリング
ニーズの門
やったー！
ほら、開いた！
1
状況質問
2
問題質問
3
解決質問
ギ ギ ギ ギ…

5-8 ヒアリングで「欲求」から「ニーズ」へ転換しよう

ヒアリングの目的は本章の初めでも述べている通り、お客の「ニーズ」を把握することにあります。なぜ「ニーズ」を把握する必要があるのかと言うと、多くの場合お客は自らの「欲求」には気づいているものの、本当の「ニーズ」には気づいていないケースが多いからです。

「欲求」と「ニーズ」の違いについては3章2項で述べましたが、前項の〝高性能掃除機〟の事例で言うと、お客の当初の「欲求」としては、以下のようなことが考えられます。

欲求……現在使用している掃除機と同じ予算かそれ以下で買いたい

しかし、「情報発信」と「ヒアリング」を通して、次のような「ニーズ」が明確になったわけです。

ニーズ……より短時間で、きれいで効果的に掃除をしたい

相手の「欲求」に対して営業活動を行なっても、それは「価格競争」にしかなりません。

しかし、相手の「ニーズ」に対して営業活動を行なうと、それは価格競争ではなく、自社商品の強みを生かした提案を行なうことができるのです。

ここで大切なことは、お客は自分の「欲求」は認識していても、自らの本当の「ニーズ」は認識できていない、ということです。お客の持っている「欲求」を「ニーズ」に転換するプロセスこそ、前項で述べた3つの質問（状況質問・問題質問・解決質問）です。

この3つの質問を相手に投げるプロセスの中で、売り手だけでなく、お客自身も自らの本当の「ニーズ」を明確に認識するのです。

そう考えると、営業プロセスの中で「ヒアリング」がいかに重要なプロセスかがわかります。「情報発信」は言い換えると、「ヒアリング」にうまく持ち込むための〝呼び水〟的な役割です。

「ヒアリング」によって真のお客のニーズを明確にしなければ、その後のプロセスである「問題解決提案」においても、本当の意味で的を射たものにはなりません。営業マンはヒアリング能力によって、その成果が大きく左右されると言っても過言ではありません。

BAD
「欲求」に振り回される営業スタイル
とにかく
安いのでいいのよ！
いくらに
なるの？
はぁ…
大特価
大特価
¥34800

GOOD
「欲求」から「ニーズ」に転換できるヒアリング
少しくらい高くても
こっちのほうが
いいかしら…
子供も
小さいし
お子様が
小さいで
すよね？
アレルギーが
心配じゃ
ないですか？
このタイプなら
ダニ対策も
できますが？
ママー
あっちのほうが
いいー

5-9 ヒアリングに生かすコーチングスキル

営業活動を含め、〝人を動かす〟ためには大きく次の2つのやり方があります。

①こちらが「答え」を出し、相手に納得して動いてもらう

②相手に「答え」を見つけてもらい、自発的に動いてもらう

前者を〝ティーチング〟と言い、後者を〝コーチング〟と言います。どちらが効果的かと言うと、当然ながら後者になります。船井総研には、「1：1.6：1.6の二乗の法則」というものがあります。これは、人から無理やり言われて行なった仕事の成果を1とすると、納得して行なった仕事の成果はその1.6倍、さらに自発的に行なった場合は1.6の二乗、すなわち2.56倍もの成果が上がるというものです。

「ヒアリング」の中で3つの質問をお客に投げかけ、お客自身に問題点と解決策を発見してもらうプロセスは、まさに〝コーチング〟そのものと言えます。営業活動においては、こちらの意見や提案を押し付けるばかりではなく、コーチングを活用して相手に答えを見つけてもらったほうが、より効果が上がると言えます。

コーチングを行なうためには、以下のようなポイントがあります。

①本題に入る前に〝アイスブレイク〟を行なう

②効果的な質問を投げる

③相手に関連することをほめたりポジティブに言ったりする

④あいづちを打ち、安心感を醸成する

⑤ミラーリングやペーシングを行なう

①～③については、本章で述べてきました。ミラーリングとは相手の動作に、こちらの動作を合わせることを言います。たとえば相手が腕を組んだらこちらも腕を組む、といったことがあげられます。ペーシングとは相手の話し方に、こちらの話し方を合わせることです。もちろん、これらは露骨にやると逆効果です。相手に気づかれないように、さりげなく合わせます。ヒアリングには、このようなコーチングを取り入れるのも有効です。

BAD
一方的PRの営業スタイル
スルー
一方的
PR
ウチは特殊だからね…
御社でも効果が上がると思います
このように、他社でもうまくいっていますから…

GOOD
コーチングを生かした営業スタイル
考える
う〜ん
質問
ウチでも効果が出そうだね！
発見！
御社の場合も同じ効果が見込めそうですか？
他社ではこのようなコストダウン効果がありましたが…

まずは相手の心を開かせるのが重要

さて、本章では「情報発信」と「ヒアリング」のプロセスについて述べてきました。これらのプロセスで最も大切なことは「いかに相手の心を開かせるか」ということです。いくら流暢なセールストークを駆使できたとしても、お客に「この営業マンは信用できない」とか「気を許したら売り込まれるのではないのか」と思われてしまったのでは話は始まりません。

ですから、営業マンが客先で最も意識しなければならないことは、「いかに相手の心を開かせるか」ということなのです。そのために本章でも述べた通り、情報発信に入る前には〝アイスブレイク〟を行ない、情報発信においては決して〝売り込み〟は行ないません。あくまでも、相手にとってのメリットを訴求してヒアリングにつなげるというのが情報発信の目的です。

ヒアリングにおいてもコーチングのスキルを活用し、相手の心を開きながら効果的な質問を投げかけることで、お客の真のニーズを把握するのです。また、4章でも述べた営業マンの服装・身だしなみ・持ち物なども、お客のガードを下げさせるうえで重要な要素です。

まずは、お客がガードを下げて心を開き、「営業マンの話を聞いてみようか」という体勢にしなければ、どんなすばらしい商品を、どんなに流暢なセールストークで売り込んでも逆効果です。

次章では、「問題解決提案」と「見積り」のプロセスについて説明します。提案の結果、お客から〝見積依頼〟が来て、初めて「商談」の発生です。つまり、商談をつくるための営業プロセスの中では、最も中心となるプロセスと言えます。しかし、最終的に受注に至る商談をつくるためには、その前のプロセスできっちりとお客の「ニーズ把握」ができている必要があります。さらに、お客の「ニーズ把握」を行なうためには、その前のプロセスでお客のガードを下げさせ、心を開いた状態にしなければなりません。また、本当の意味で相手に心を開かせるためには、小手先のテクニックだけでなく、自らの人間性の向上も必要です。そのためにも営業マンは、常に自らの人間性向上を意識しなければならないのです。

BAD
相手を警戒させる営業スタイル
ピンポーン
奥さん、リフォーム屋ですが、少しだけお時間どうですか？
ウチは結構です！
怪しいわね!?

GOOD
相手の心を開かせる営業スタイル
ピンポーン
リフォームの御案内なのですが。簡単な説明だけさせていただけませんか？
この人なら大丈夫そうね…

6章

受注するための提案・見積りのポイント

6-1

問題解決営業を推進しよう

さて、「情報発信」とその後の「ヒアリング」でお客のニーズを把握したら、いよいよ「問題解決提案」のプロセスとなります。ここで、なぜ単なる〝提案〟ではなく〝問題解決提案〟なのでしょうか。それには次の2つの理由があります。

①価格競争を回避するため
②継続的訪問につなげるため

売り手の視点に立った、「いかに、この商品をお客に売るか」という発想からの提案では、お客と真の意味でパートナーとなることはできず、〝その他大勢の営業マン〟として価格競争にさらされることになります。そうではなく、常に買い手の視点に立ち、「いかに、お客にメリットになるか」という発想での提案は、お客との間でパートナーシップを形成することができます。

さらに、お客のニーズを把握したうえでの提案は、お客にとっての「問題解決」につながります。なぜならニーズの裏側には、お客にとっての真の「問題」があるからです。たとえば、前章の〝高性能掃除機〟の事例で言うと、お客にとっての「問題」は、①掃除に手間がかかる、②子供が小さくて家を汚す、というところにあります。こうした「問題」を満たすための提案が「問題解決提案」なのです。

また、営業の基本はお客に「この人と付き合っておけばプラスになる」、あるいは「もう一度会いたい」と感じてもらうところにあります。とくに法人営業では、継続的訪問につなげることが成果を上げる重要なポイントになります。一般消費者に住宅を売るような〝スポット的〟営業であったとしても、「他のお客を紹介してもらう」と考えれば継続的訪問となるでしょう。

継続的訪問につなげるため、お客に「この人と付き合っておけばプラスになる」と感じてもらうためには、「問題解決提案」を継続的に行なっていくべきです。

このように、「問題解決提案」を主体とした営業活動のことを「問題解決営業」と言います。価格競争を回避し、継続的訪問につなげるためにも「問題解決営業」の推進が重要なポイントになります。

BAD
価格が決め手の営業スタイル
A君は
どう思う？
受注を取るうえで
一番のポイントって
何だと思う？
やっぱり
価格です
ウチの商品
は高いから
売れない
んです…
営業課長
トップセールスＢ氏
売れないセールスＡ氏

GOOD
問題解決が決め手の営業スタイル
その
通り!!
Ｂ君は
どう思う？
顧客のニーズを
把握して問題解決を
することです！
ギクッ！
できて
ない…
営業課長
トップセールスＢ氏
売れないセールスＡ氏

6-2 お客が共感する提案のステップ

さて、「情報発信」や「ヒアリング」にもステップがあったように、「問題解決提案」にも3つのステップがあります。それは、
ステップ1：商品の〝特徴〟を説明する
ステップ2：商品の〝利点〟を説明する
ステップ3：商品の〝利益〟を説明する
ということです。

なぜ、この3つのステップなのかと言うと、提案活動によって最終的にお客から〝共感〟してもらう必要があるからです。ある調査によると、商品の「特徴」だけを語ると、顧客の反応は「価格」に目が行きがちになるそうです。さらに「利点」だけを語ると、顧客は「反発」しがちになると言います。ところが、商品を購入したことによって得られる「利益」を語ると「共感」を得やすいというのです。たとえば、5章で高性能掃除機を例にあげましたが、この例で「特徴」、「利点」、「利益」を説明してみると、

〈特徴〉「この掃除機は、通常の掃除機よりも2倍以上の高出力モーターを搭載しています。それにフィルターレスで、強力な吸塵能力を長時間維持することができます」
【お客の反応】「ってことは高いのかしら……」
〈利点〉「この掃除機は非常に強力で、雑巾で拭いたのと同じような仕上がりになります。こぼしたミルクなどの水分も吸えるし、これ1台あればご自宅の掃除はすべて行なうことができます」
【お客の反応】「そんな機能要るのかしら……」
〈利益〉「奥様のご家庭のように、小さいお子様がおられるのでしたらお部屋もよく汚れるし、短時間できれいに掃除ができる当商品をお使いになられたほうが、大切な育児に時間が割けるし、清潔でお子様のためにもよいと思いますが、いかがでしょう?」
【お客の反応】「確かにその通りね……」

いかがでしょうか。あなたがお客の立場に立ったとしても、「特徴」、「利点」、「利益」のステップで提案をすれば、その提案に対して共感しやすくなるのではないでしょうか。

BAD
商品の「特徴」、「利点」のみを説明する営業
特徴
通常の倍の高出力モーターを搭載しています
ってことは、高いんだろ？
利点
非常に強力な掃除機ですから、雑巾で拭くのと同じ仕上がりになります
そんなの雑巾使えばいいじゃないか！
お客
営業マン

GOOD
商品の「利益」を説明できる営業
利益
御主人の御家庭のように、小さいお子さんが多い場合は最適です
たしかに…なぁ、どうする？
買って！
部屋もすぐ汚れますし…手早く掃除できます！
お客
営業マン

6-3 セリングポイントとバイイングポイント

では、お客の「利益」まで語ると、なぜお客の〝共感〟を得やすくなるのでしょうか。それは、商品の「特徴」や「利点」が、お客の置かれている事情を知らなくても話せる〝セリングポイント（売り手の視点）〟であるのに対して、商品がもたらす「利益」は、お客の置かれている事情を理解しなければ話せない〝バイイングポイント（買い手の視点）〟だからです。

これは営業活動だけではなく、普段のコミュニケーションでも同じことが言えます。つまり、こちらの立場だけで一方的に要求を押し付けても相手は反発するし、こちらが思う通りには動いてくれません。

しかし、こちらが相手の立場に立って、「相手にとっての利益は何なのだろうか」と相手の事情を考慮する姿勢を見せれば、コミュニケーションがより円滑に進むのではないでしょうか。

相手とのコミュニケーションを円滑に進めるポイントは、ズバリ「気配り」です。さらに言えば、営業マンに最も求められるものも「気配り」なのです。こちらの都合とも言える〝セリングポイント〟だけでなく、相手の事情を考慮した〝バイイングポイント〟（お客にとっての「利益」）を語ることも、突き詰めるとこの「気配り」に当たるのではないでしょうか。問題解決提案において、お客の〝バイイングポイント〟を把握するためには、その前のプロセスである「ヒアリング」が不可欠となります。「ヒアリング」を成功させ、お客の本当のニーズを把握するためには、ヒアリングの前のプロセスである「情報発信」でお客のガードを下げさせ、お客がこちらの話に耳を傾け、口を開いてくれる環境をつくり出さなければなりません。このように、〝商談をつくるための営業プロセス〟はすべてが相互に関連し合っているのです。そう考えると、「営業活動は掛け算」であることがわかります。掛け算ですから、ひとつの要素でもゼロかマイナスだと、他の要素がうまくできても結果はゼロかマイナスになります。常に自分の営業プロセスを振り返り、自問自答を繰り返しながら各プロセスの質を上げていくことが重要なのです。

セリングポイントだけの提案

バイイングポイントを押えた提案

6-4 高額商品の提案のポイント

ここで言う高額商品とは、一般消費者相手の営業であれば100万円以上するようなもの、法人相手の営業であれば1000万円以上するようなものを目安に考えていただきたいと思います。

たとえば、一般消費者にとって100万円以上の買い物（車・リフォーム・家など）は思い切った買い物だし、法人（会社）にとって1000万円以上の買い物（工作機械・コンピュータシステムなど）は、あらかじめ〝予算取り〟が必要な投資案件となるはずです。

一般消費者相手であれ法人相手であれ、高額商品を販売するためには、次の3つのポイントがあります。

①実物を見せる
②実物を使ってもらう
③すでに実物を使っている人の話を聞いてもらう

つまり、「問題解決提案」のプロセスにおいて、問題解決提案を行なうと同時に、上記①②③につながるような提案を行なうのです。

たとえば、

「ショールームに実物がありますから、ご案内しましょうか？」

「デモ機がありますから、一度実際にテストしてみませんか？」

「私のお客様で、すでに御使用されているところがありますから、一度見学に行きませんか？」

といった形で、お客に「使用体験」をしてもらうのです。自動車販売会社が行なう〝試乗会〟や、住宅販売会社の〝住宅展示場〟や〝モデルルーム〟、さらにリフォーム会社が行なう〝工事見学会〟なども、お客に「使用体験」をしてもらうことで購買意欲を高めることを目的にしています。また、工作機械や測定機器にしても、大手メーカーは全国の主要都市にショールームを配置しています。これも目的は、お客に「使用体験」をしてもらうことにあります。

また、実際に使用されている「事例」を集めた「事例集」も、営業ツールとしてかなり効果的です。それは、上記①②③の疑似体験ができるからなのです。

BAD
具体性を持たせない営業スタイル
一度、お見積りさせていただきましょうか？
いやー結構です…
私の一存では決められないし…
具体的じゃないし…

GOOD
実物を見せる営業スタイル
ショールームに完成機がありますから見学なさいませんか？
ショールーム
そうですね。現場の人も連れて行こうかな…

6-5 こちらから見積りの提示はしない

さて、「問題解決提案」の次のプロセスは「見積り」となります。ここで、お客から〝見積依頼〟がなかなか来ないからと言って、こちらから「一度お見積りしましょうか？」と言ってはいけません。

「えっ？」と思われるかもしれませんが、こちらから価格提示をしないのが営業の鉄則です。つまり、お客の側から「価格はいくらくらいするの？」と聞かれてから価格を提示するのです。求められてもいない価格提示は、お客の側からすると負担以外の何物でもありません。営業において、売り込むための最大のポイントが「売り込まないこと」であることを思い出してください。求められていない価格提示をすることによるデメリットとしては、以下のことがあげられます。

①〝売り込んでいる〟印象を持たれ、場の空気が悪くなる

②〝あせっている〟印象を持たれ、こちらの値打ちを下げる

③その後の交渉において、値切られやすくなる

確かに、「見積り」を出してこそ〝商談〟ですから、こちらから「一度、見積書をお出ししましょうか？」と言いたくなる気持ちはわかります。しかし、商談をつくる営業プロセスの目的は「見積書の提出」ではありません。目的は、あくまでも「クロージング」を成功させ、商談を成約に至らせることにあります。そこを忘れてはいけません。たとえば、あなたがお客の立場だったとして、買う気もないのに、営業マンから「一度、お見積書を出しましょうか？」と言われても、「いいえ、結構です」と断るはずです。逆に、購入を検討する気持ちになったのであれば、あなたのほうから「一度見積りをいただけますか？」と営業マンに依頼をするはずです。

やはり、営業は一種の「駆け引き」ですから、上記①②③のようになるのは得策ではありません。いくら「問題解決提案」をしても「見積り」に至らない場合は、提案をしている相手がキーマンではない可能性が高いと言えます。無理やり見積りを出そうとするのではなく、ターゲティングの見直しをすることが有効でしょう。

BAD
こちらから積極的にさせる見積り
いえ、お見積りだけならすぐにできますから！ぜひ参考までに！
う〜ん じゃあ参考までに…
この人よっぽど売れていないのかな…

GOOD
お客からの依頼に基く見積り
じゃあ一度、この仕様で見積ってみて!!
わかりました!!
ありがとうございます!
これはいいね!

6-6 見積書作成のポイント

見積書を作成するうえでのポイントは、「書式面でのポイント」と「営業面でのポイント」に大きく分けることができます。それぞれのポイントを、以下にまとめてみます。

〈見積書作成　書式面でのポイント〉

・見積書作成日を明記する
・見積有効期限を明記する
・支払い条件を明記する
・物件金額を明記する
・納期（リードタイム）を明記する
・受け渡し場所・方法を明記する

もちろん、書式面について（とくに金額において）は絶対に間違えないように、何度もチェックするなどの注意が必要です。

また物価変動等により、商品の価格が変化することが考えられる場合は、見積有効期限を短めに設定しておきます。

〈見積書作成　営業面でのポイント〉

・値引余地を残した金額設定にする
・見積各項目の内容を答えられるようにしておく
・お客の予算を把握する

見積書作成の営業面でのポイントとしては、「見積り」の後のプロセスである「クロージング」を意識する必要があります。「クロージング」のことを考えれば、いきなりズバリの見積りを出すのではなく、値引余地を残した金額設定にしておいたほうがいいでしょう。

また、高額商品や工事物件などの見積りになると、見積りが複数の項目から構成されています。お客から「この項目はどういう意味なの？」と聞かれたときにスムーズに回答できるように、事前に準備をしておく必要があります。

さらに、営業面でのポイントとして最も重要なこととして、「お客の予算」を概算でもよいから把握しておく、ということがあげられます。せっかく見積りをしても、お客の予算から大きく外れていたのでは、逆効果になるからです。

BAD
お客に不信感を与える見積り
この設計管理費って何なの？
この見積りは信用できないな…
あ、はい…調べて後日回答します…
見積り

GOOD
お客に安心を与える見積り
この養生費って何なの？
なるほど。きちんとした見積りだな…
これは古い設備を移設する際に発生するものです
見積り

6-7 お客の予算を把握する方法

営業には、一種の〝流れ〟があります。その〝流れ〟を阻害するようなことがあると、せっかくそれまでうまくいっていた商談がとたんにうまくいかなくなることがよくあります。

とくに、営業プロセスの中でもデリケートな部分が「見積書の提出」です。こちらが出した見積書に対して、お客さんから「こんな価格では話にならないよ！」と言われてしまったのでは、営業としては出鼻をくじかれ、商談をうまくリードすることができなくなります。

そのようなことにならないよう、営業マンとして、事前にお客の予算を概算でもいいのでつかんでおく必要があります。

お客の予算を聞き出すようなデリケートな話をする場合は、「お客」対「自分」という構造にするのではなく、「お客」対「第三者」に「自分」が介在する形をとります。

具体的には、「お見積りを出させていただくにあたりまして、技術部門との調整も必要になるのですが、だいたいで結構ですのでご予算などわかりますでしょうか？」という聞き方をします。

あくまでも、「お客」のために「第三者（この場合は技術部門）」と調整をするために、「自分」は予算を知る必要がある、という構図をつくり出すのです。

これが、単に「ご予算的には、どれくらいでお考えですか？」と聞いてしまうと、「お客」対「自分」という構図となってしまい、お客のガードが上がってしまうため、うまく予算を聞き出すことが難しくなってしまいます。

お客さんの中には、「予算なんてないよ！　安いと思ったら買うよ！」と言う方がいるかもしれません。こうした場合は概算でいいので、こちらの商品がだいたいいくらぐらいなのかを、会話の中で相手に伝えます。

そこで「えっ！　高いな！」という反応を相手が示したら、「では、おいくらぐらいでお考えですか？」とヒアリングを行なうのです。そうすれば相手も、「まあ◯万円くらいかな」と答えるでしょうから、お客の予算を把握することができるのです。

ストレートな質問でガードを上げる

BAD
御予算はどれくらいでお考えでしょうか？
それは言えないね！

「第三者」を持ち出してガードを下げさせる

GOOD
私どもの技術部門との調整もありますので、だいたいの御予算を教えていただけませんか？
う～ん
いちおう予算は500万くらいで考えてるんだけどね…

6-8 見積りがお客の予算を超える場合の対処法

せっかくお客の予算を聞き出しても、こちらの見積りがそれをオーバーしてしまうことはよくあることです。

それが、お客の予算から2～3割程度のオーバーであれば、話し合いの範疇ですが、5割を超えるような場合は、営業的に何らかの対策を打たなければなりません。

まず、大幅にお客の予算を超えることが明確になったら、いきなり見積りを出すのではなく、その前に1本連絡を入れます。たとえば電話などで、

「先日ご依頼されたお見積りの件なのですが、工場から出てきた見積りがかなり高いものになっていまして……」

このように、見積りをした結果、予算を大幅に超えてしまっていることを相手に伝えます。そのうえでさらに、

「改めて、技術サイドも参加のうえでコストダウンの打合せをさせていただきたいのですが、とりあえず現状のお見積りをお持ちさせていただいてもよろしいでしょうか？」

と、何らかの打開策をお客に提示します。「思ったよりも高い見積もりになってしまいまして……」だけで終わってしまってはお客も怒ります。そうではなく、「技術サイドも巻き込んだコストダウンの打合せをさせていただきます」と、打開策も合わせて提示することにより、お客もある程度納得してくれます。

見積金額がお客の予算を大幅に超えてしまい、それでも商談を進めなければならないときには、こうした「技術サイド」を巻き込んだ打合せというのはきわめて有効な方法です。

お客は営業マンの話は軽く受け止めますが、技術者や設計者などの言うことには一目置いてくれます。こうした打合せをすることによって、技術者の口からお客の耳に、「なぜ、高い見積りになるのか」ということが客観的な形で入ることになり、お客の価格に対する納得性を高めることになります。また、こうした打合せの結果、本当にコストダウンの糸口を見出せる可能性もあるのです。

そのまま提出・打開策なし

BAD
やっぱり ダメだな コイツ…
こんな価格じゃ 話にならんよ!
少しじゃないぞ!!
ゴン!
見積り
すみません。 少し予算オーバーに なりまして…

事前の連絡と打開策の準備

GOOD
先日御依頼いただいた お見積りですが、 かなり予算を超えた内容に なってしまいまして…
技術部門も巻き込んだ 打ち合わせをしたいの ですが…
まあ、仕方ないから 一度持ってきてよ…

6-9

見積書提出時のポイント

見積書をお客に提出する際の最大のポイントは、「納期を明確にする」ということです。

たとえば、見積書を提出してお客がひと通り目を通します。そこでお客から、「わかりました。検討しておきます」と言われたら、「それで、納期的にはいつ頃をお考えでしょうか?」とたずねるのです。

そこでお客が「まあ、年末くらいを目途に考えているのだけど……」と言われたら、その商品の納期から逆算してどのタイミングで発注をもらわなければ間に合わないかがわかります。仮に、その商品の納期が1ヶ月だったとしたら、「でしたら、11月末ぐらいに手配いただければ、納期的には大丈夫ですね」と、見積後のフォローがかけやすくなります。

これに対して、見積書を提出する際に納期が不明確だと、どのタイミングで見積フォローをすればいいのかがわかりません。

納期が明確であれば、「そろそろご手配いただかないと、納期的に厳しいのですが……」と売込み色を極力排除した形で見積フォローをかけることができます。

こうした形でのフォローは、見積書を提出した結果が気になってのフォローではなく、あくまでも〝お客の納期を守らなければならない〟という、お客の視点に立ったうえでのフォローとなります。

ところが納期が不明確だと「先日出させていただいたお見積りなのですが、その後いかがでしょうか?」と、売込み色が前面に出る形でのフォローとなってしまいます。これでは、〝自分の出した見積書の結果を確認する〟という、売り手の視点でのフォローになってしまいます。

このように、「納期を明確にする」というのは、こちらの値打ちを落とすことなく、次に起こすべきアクションを明確に設定できるというメリットがあります。

逆に、納期が明確にならない商談とは、何らかの形でお客の購買意欲が低い商談であると考えられます。そうした商談に力を入れるのではなく、新たな商談をつくる動きをしたほうが得策でしょう。

BAD
その後のフォローができない見積提出
価格のほうは精いっぱいがんばりましたので…
じゃあ、検討しておきます！
見積書
トントン

GOOD
その後のフォローにつながる見積提出
それで、納期はいつ頃をお考えですか？
いちおう、3月末で考えてますけどね…
見積書

6-10 見積フォローのポイント

前項でも述べましたが、見積書提出後のフォローは営業活動にとって重要なプロセスです。しかし、しつこい見積フォローは禁物です。とくに、法人営業のように継続的取引が前提の営業パターンの場合はそれが当てはまります。お客は、一度出した見積りに対してしつこくフォローしてくる営業マンを嫌います。

「あの見積書、その後どうなりました？」という営業マンの言葉は、お客から最も嫌われるパターンと考えておいたほうがいいでしょう。

前項で述べたように、見積フォローをするための糸口（納期など）を残しておくか、あるいはお客にメリットのある情報発信を継続的に行ないながら、何気なくフォローを行なっていくのがベストです。

一般消費者相手の住宅セールスのように、継続的取引が前提でない営業パターンの場合には、見積書の提出と同時にその場でクロージングをかけなければなりません。

このような形態の営業の場合には、少ない回数の営業アプローチで即決してもらうのが鉄則になります。見積りを出した時点で決められないということは、その後フォローしてもうまくいかない可能性が高いと言えます。

これは、私自身の営業の経験から、またコンサルティング先の営業マンを見ていても感じることですが、商談は決まるときには決まるし、決まらないときには決まりません。できない営業マンほど、決まる見込みのない商談を追いかけて、お客から嫌われます。

また最初の章でも述べましたが、商談は果物と同じで、触れば触るほど痛んでいきます。やるべきことをやったら、後は放っておく。そして新たな商談づくりに走る。これこそが、最善の営業活動なのです。

また見積書をたくさん出しているのに、まったく成約に至らないケースもあります。これは、キーマンでない人物にアプローチしているか、あるいは完全に相見積りの対象としてしか見なされていないことが理由として考えられます。いずれにしても、このような場合はターゲティングから見直す必要があります。営業マンにとって、お客の見極めというのも重要なことなのです。

BAD
しつこいだけの見積フォロー
先日のお見積りですが、その後どうなりました？
近くまで来たものですから…
まだ検討中なんですよ…
しつこい営業マンだな…。二度と引合を出さないぞ!!

GOOD
理由が明確な見積フォロー
先日御提出のお見積りですが、そろそろ手配をかけないと納期的に厳しくなるのですが…
ああ、少しスケジュールが延びてね。4月になりそうなんだよ

7章

商談が生まれる営業ツールのポイント

営業ツールの種類と目的

さて、「情報発信」から「ヒアリング」につなげて相手のニーズを把握し、それを満たす「問題解決提案」を行なうのが、客先における営業プロセスの流れとなります。これらの各プロセスをスムーズに流し、具体的な商談につながるような（お客から見積依頼が来るような）営業プロセスを実現するための武器が営業ツールなのです。

営業ツールには、以下のようなものがあります。

①会社案内　**⑤小冊子**
②アプローチブック　**⑥ＤＶＤ（動画）**
③商品カタログ　**⑦提案書**
④事例集　**⑧Ｗｅｂ**

「えっ、こんなにあるの?」と思われるかもしれませんが、一般に営業力が強いとされる会社は、こうした営業ツールも充実しています。各営業ツールの説明はこの章で後ほどくわしく行ないますが、各営業ツールともに目的・用途が異なります。したがって、営業力を強化したい会社は、これらの営業ツールをすべて揃えるべきでしょう。

たとえば、船井総研が営業力強化のコンサルティングを行なうときには、営業研修等による営業力そのもののトレーニングも行ないますが、同時にこれらの営業ツールを充実させるところから提案します。

先ほども述べましたが、営業ツールは営業マンにとっての武器です。基本は、営業マン自身のスキルによって結果が決まりますが、しかし武器を持っていたほうが、より有利に戦えることは間違いありません。とくに、新人を早期に戦力化していく場合、営業ツールは必要不可欠と言えます。

これら営業ツールに共通する目的は、

①こちらのイメージをよくする
②相手を信用・信頼させる

というところにあります。要は、相手に「ああ、この会社（この人）だったら、取引しても大丈夫だな!」と思ってもらうことが、営業ツールをつくる目的なのです。

BAD
営業ツールを無視する営業
ビール もう1本！
いいか！
営業は気合いと
根性だ!!
営業ツールなんかに
頼るな!!
でも先輩…

GOOD
営業ツールを活かす営業
連日の接待で
二日酔いだ〜
頭痛い…
今月はボクの
ほうが売上げ
勝ちますよ…
先輩も営業ツールを
使ったらどうですか？
DVD
会社案内
アプローチグッズ
商品カタログ
小冊子
事例集
提案書

なぜ、営業ツールが重要なのか

7-2

営業とは、一般消費者相手であれ法人相手であれ、基本は人対人ですから、やはり相手が受け取るこちらの「イメージ」によって大きな影響を受けます。

たとえば、誰もが知っているようなブランド企業の営業マンであれば、相手に与えるイメージは初めからよいものになるかもしれません。しかし、大半の企業は必ずしもそうではありません。となると、やはり相手に与えるイメージは重要で、営業ツールの有無や完成度の高さによって、それが大きく影響してくるのです。

たとえば私のコンサルティング先で、従業員20人ほどの機械メーカーがあります。このメーカーは、競合他社と比べて特別な技術を持っているわけではないため、新規開拓に行っても門前払いされるような状態でした。そこで私がコンサルティングを行ない、戦略を刷新すると同時に、前項に示したような営業ツールをつくり上げました。そして新規開拓先に訪問し、こうした営業ツールを駆使しながら営業を行なったところ、多くの会社で好意的に受け止められ、いくつかの会社で継続取引に成功することができました。

こうした新規開拓を推進した結果、この会社は3年間で売上げが3倍にもなりました。もちろん、事業そのものは3年前とやっていることは同じです。営業戦略をきっちりと組み直し、営業ツールを充実させた点が異なるポイントです。本業でやっていることが変わらなくても、こうした営業ツールを充実させるだけで成果が上がるケースは非常に多いと言えます。

こうした傾向は、とくに法人相手の営業で顕著に表われます。法人の購買プロセスは以前にも説明した通り、商品を購買するにあたって複数のキーマンが関与します。仮に営業マンが超やり手で、窓口の担当者がその会社との取引を強く希望したとします。

しかし、実際に購入を決定する購買担当者としては、会社案内や商品カタログなどの媒体で判断するしかありません。そのとき、明らかに見てくれが悪い会社案内や商品カタログだと、不利になることは容易に想像がつくことだと思います。

BAD
営業ツールが不十分な会社は不利
そんな、会社案内もないような会社、本当に大丈夫なのかね？
今度、この会社と新規取引をしたいのですが…
腕はいいのにな…
ガンコ一徹！
資材部長
A4 1枚のコピー

GOOD
営業ツールが充実した会社は有利
会社案内もきれいだし…
今度、この会社と新規取引をしたいのですが…
きちんとした業者さんだろうから大丈夫でしょう!!
口座開設をお願いします
資材部長
会社案内

7-3

営業ツール作成のポイント

営業ツールを作成するうえで知っておくべきポイントとして、「ＡＩＤＭＡの法則（アイドマの法則）」と言われるものがあります。ＡＩＤＭＡの法則とは、消費者が商品を認知し購入に至るまでの心理プロセスを説明したものです。具体的には、

Attention（注意）→Interest（関心）→Desire（欲求）→Memory（記憶）→Action（行動）

というプロセスをたどるという理論で、各プロセスの頭文字をとって「ＡＩＤＭＡの法則」と呼ばれています。

営業ツールにおいても、まずはターゲットとなるお客の「注意」をひく必要があります。

たとえば、会社案内にしても無地の表紙に〝会社案内〟とだけ印刷するのではなく、「お客さまのコストダウンに貢献する会社」などのキャッチコピーとともに、事業内容をイメージさせる写真やイラストを載せたほうが、相手の「注意」を引くことができます。

さらに、自社の事業案内を単なる箇条書きにするだけでなく、〝事例〟という形で紹介したほうが、お客の「関心」を引くことができるはずです。

さらにその事例を見た結果、自社のニーズと合致するものが含まれていた場合、「さらに知りたい！」、あるいは「使ってみたい！」という「欲求」を抱くことになります。そのときの欲求が強ければ強いほど、こちらの会社や商品のことを強く「記憶」されることになるのです。そして、さらにくわしい商品説明や資料請求、見積依頼といった具体的な「行動」へと変化していきます。

ＡＩＤＭＡの各プロセスのうち、Ａ（注意）が認知段階、Ｉ（関心）、Ｄ（欲求）、Ｍ（記憶）の段階が感情段階、最後のＡ（行動）が行動段階と言われています。最初の認知段階において、必ずしも奇抜なものがよいということではありません。その後の感情段階も充分に考慮に入れる必要があります。

いずれにしても、営業ツールを作成する場合には、こうしたＡＩＤＭＡのプロセスも考慮に入れてつくると、非常に効果的なものになるはずです。

BAD
原理原則に基かない営業ツール
なんだかわかりにくいな…
う〜ん
当社が行なっているサービスはこの通りなのですが…

GOOD
AIDMAの法則に基いた営業ツール
A→I→D→M→A
注意 関心 欲求 記憶 行動
なるほど!! これはわかりやすいね！
当社が行なっているサービスはこの通りなのですが…

7-4 アプローチブックのポイント

アプローチブックとは、自社の事業内容をまとめた営業ツールです。会社案内と似ていますが、会社案内の目的は、あくまでも自社の概要を相手に伝えるだけのものです。それに対してアプローチブックは、自社の概要を相手に伝えるだけでなく、引合いや商談の獲得を目的としている点が異なっています。そういう意味では、アプローチブックは会社案内の機能を含むものと考えていただければよいでしょう。

アプローチブックの構成例としては、以下のようなものが考えられます。

①表紙
②目次
③自社の事業ドメインと価値観
④事業内容
⑤事例（実績）（Before・Afterで表わすのが理想）
⑥自社の取り組み（地域や社会への貢献等）
⑦会社の概要（拠点住所、従業員数、売上げ、資本金、代表者名、主な取引先、取引銀行等）

アプローチブックの体裁はA4サイズ8～20ページ程度のものです。多くの会社が、上記項目の⑦の内容程度しか入っていない会社案内を営業ツールとして使っています。

上記のすべてを網羅したアプローチブックを持参する営業マンと、上記⑦の内容しかない会社案内を持参する営業マンとを比較してスキルが変わらなければ、誰もが前者の営業マンから商品を買うのではないでしょうか。

また、このアプローチブックは営業プロセスの中の「情報発信」の3ステップに基づいています。

情報発信の3ステップは、相手のガードを下げさせる⇩メリットを訴求する⇩質問を投げるでした。

アプローチブックでは、まず「自社の価値観」を伝え、共感を得ることで相手のガードを下げさせます。さらに、「事例」を伝えることで相手のメリットを訴求し、情報発信の次のプロセスである「ヒアリング」に入りやすい設計となっているのです。

BAD
会社案内とアプローチブックの混同
社長、ぜひわが社でもアプローチブックを作りたいのですが！
そんなの、今の会社案内があるじゃないか…
経費節約の折に…
社長
社長！会社案内とアプローチブックは違います！

GOOD
目的の明確なアプローチブックの存在
じゃあ、すぐに作りたまえ!!
・アプローチの目的
・・・引合・商談の獲得
社長
アプローチブックはあくまでも営業目的のツールなのです！

7-5

事例はBefore・Afterで伝えるのがベスト

引合いや商談を獲得するうえで、とくに重要な項目が「事例」です。また、こうした「事例」はできるだけＢｅｆｏｒｅ・Ａｆｔｅｒで表わすのが理想的です。なぜ、Ｂｅｆｏｒｅ・Ａｆｔｅｒがいいのかと言うと、お客に購買後のメリットをイメージしてもらいやすいからです。

たとえば、あなたが自宅のリフォームを検討しているとき、2人のリフォーム会社営業マンが訪れたとします。そのうち1人の営業マンは、「うちの会社はリフォームなら何でもできます！」と言って、工事内容を箇条書きにした営業ツールでＰＲを行ないました。

もう1人の営業マンは、「これが畳の和室をルームシアターに改装した事例です。こちらは、従来型のキッチンをバーカウンター型に改装した事例です」と、事例をＢｅｆｏｒｅ・Ａｆｔｅｒで説明した営業ツールでＰＲを行ないました。

あなたはこの2つのＰＲを聞いて、どちらの営業マンに「相談してみよう」という気持ちになるでしょうか。

多くの場合、後者ではないかと思います。なぜなら、Ｂｅｆｏｒｅ・Ａｆｔｅｒの事例を見せられることで、「こんなことができるのなら、あんなこともできるかな……」と、営業マンの情報発信を自分のことに置き換えて考えることができるからです。

仮に、自分が考えている工事の事例がその中に入っていなかったとしても、「実は親が老齢なので、介護を意識したリフォームを考えているんだけど、そういう事例ってある？」と、お客から引合いが出やすくなります。仮にそのとき、介護リフォームの事例を持ち合わせていなかったとしても、「事例としてはございますので、後日資料をお持ちさせていただいてもいいですか？」と、お客の「ニーズ把握」をすることができます。

さらに「もし、よろしければ現場を見せていただいて、次回は具体的なご提案をお持ちいたしますが？」と、「問題解決提案」に持ち込むことができるはずです。どのような業界であっても、このように事例をＢｅｆｏｒｅ・Ａｆｔｅｒで伝えるのは効果の高い方法なのです。

BAD
「何でもできます！」と言葉だけの説明
奥さん、
リフォームのことなら
ウチに任せてください!!
何でもできるって
言われてもねぇ
帰れー
ウチは
何でも
できますよ！

GOOD
Before・Afterによる事例での説明
たとえば、これが
和室をルーム
シアターに
リフォームした
事例です！
事例だと具体的に
イメージできるわね…
ママー
ここに
しよーよー

7-6 商品カタログのポイント

商品カタログの目的は、自社の商品の仕様（スペック）を相手に伝えるところにあります。

しかし、商品カタログを営業ツールと捉えると、仕様を相手に伝えることに加えて、引合いや商談を獲得することを目的とするべきです。そのうえで意識していただきたいのが、先ほど述べた「ＡＩＤＭＡの法則」に加えて、営業プロセスの中の「問題解決提案」の３ステップ

特徴 ⇩ 利点 ⇩ 利益です。

たとえば、材料に穴を開ける作業工具であるドリル加工機を例に考えてみましょう。まずは、このドリル加工機の特徴を考えます。

たとえば、①モーターのトルクが高い、②主軸径が太く剛性が高い、といったことが特徴としてあげられたとします。次に、こうした特徴がある結果、どのような利点（メリット）をもたらすか考えます。たとえば、

①【特徴】モーターのトルクが高い
【利点】鉄など硬い材料でも簡単に穴が開けられる
②【特徴】主軸径が太く剛性が高い
【利点】長期間にわたり穴開け精度が狂わないといったことが考えられます。

特徴と利点の次は、利益をいかに訴求するかがポイントになります。これには「事例」を載せるのが有効です。たとえば、

従来品：鉄に径５ｍｍ、深さ10ｍｍの穴を開けるのに30秒かかる
新商品：上記と同じ条件の穴を開けるのに15秒でできる

このようなＢｅｆｏｒｅ・Ａｆｔｅｒの形で、グラフや図表を駆使してわかりやすく表わすことができれば、お客に購入後の利益を訴求することができるでしょう。

このように、特徴、利点、利益 を述べた後に、商品の全体仕様を最後に示すのが、営業ツールとして活用することができる商品カタログの基本的な流れと考えていただけばいいでしょう。商品カタログは、「ＡＩＤＭＡの法則」を意識しながら、問題解決提案の３つのステップで考えていくのがポイントなのです。

BAD
スペックと特徴を並べただけの構成
わかりにくい
カタログだね～
キミの説明も
わからないし
ですので、モーター
のトルクが高くて…
さらに、主軸径が太くて
剛性が高いのが特徴で…

GOOD
問題解決提案の３ステップに基いた構成
特徴⇨利点⇨利益
これはわかりやすい
カタログだね！
恐れ
入ります…
営業マンも
要らないんじゃ
ない？
カタログ

事例集のポイント

7-7

　事例集とは、アプローチブックや商品カタログの中で述べた「事例」の部分だけを抜き出してまとめた営業ツールのことです。

　アプローチブックや商品カタログの中に「事例」を入れているにもかかわらず、このような事例集が必要な理由としては、次のことがあげられます。

①アプローチブックや商品カタログに載せた事例は、リアルタイムで追加・更新することができない

②アプローチブックや商品カタログに載せられる事例は数に限りがある

③お客に「見せるだけ」ならいいが、渡すとまずい事例もある

　事例は、日々新たに生まれてきます。新しい事例をアプローチブックに追加したくても、アプローチブックが印刷物である以上、リアルタイムで追加・更新することはできません。また、載せられる事例の数にも限界があります。であれば、「事例集」という形で、
　たとえば写真アルバムを持ち歩くようにすれば、新たな事例の写真をリアルタイムで加えることができます。また、持ち歩ける数の限界も大幅に上がります。とくに法人相手の営業の場合、実績を他社に渡してしまうと、守秘義務上の問題が起きるケースが多々あります。しかし、相手に渡すのはまずくても、見せるだけであれば問題ないケースは多いのではないでしょうか。お客に渡しても問題がない事例はアプローチブックに、渡すのはまずいが見せるだけなら問題がない事例は事例集に、というように分けて使用すれば、より効果の高い営業活動が行なえるはずです。
　最近は、パソコンやデジタルカメラなど、営業ツールをつくる環境も個人レベルで充実してきています。自分が手がけた事例を写真に撮り、パソコンで少し加工すれば、あっという間に「事例集」が完成します。アプローチブックや商品カタログがきちんとしたものであれば、「事例集」は手づくり感があっても、それほど問題にはなりません。ぜひ、営業マン自らの手で積極的に製作してみてはどうでしょうか。

事例集を意識しない営業

事例集を意識した営業

7-8

小冊子のポイント

小冊子は、売込みのための営業ツールではなく、あくまでお客にとってメリットのある情報を提供し、「共感」を得るための営業ツールです。たとえば、先ほどのリフォーム会社の例で言えば、「失敗しないリフォーム会社の選び方」といった小冊子が考えられます。

お客の立場で考えると、リフォーム会社を選ぶときに最も考えることは、「きちんとした仕事をしてくれるだろうか」、「リフォーム後のトラブルにも迅速に対応してくれるのだろうか」といった、その会社が信用・信頼できるかどうかということです。

こうしたことをひと言で言うと、お客はリフォーム会社を選ぶにあたって、「失敗したくない」ということです。ですから、小冊子のタイトルも「失敗しないリフォーム会社の選び方」なのです。

小冊子の中身としては、リフォームを依頼する場合の手順、見積書や仕様書の見方、工事における法的な責任範囲、リフォーム会社のレベルや姿勢がわかるチェック項目などが考えられます。小冊子の中に、自社の売込みは一切ありません。しかし、この小冊子を読んだお客は無意識のうちに、この小冊子を作成したリフォーム会社は、当然こうした条件を満たしているものと考えるはずです。また、リフォーム会社側も、こうした小冊子を作成する過程でそのような姿勢になるはずです。

先ほどのドリル加工機の例で言えば、小冊子は「失敗しないドリル加工機の使用法」という小冊子になるでしょう。ドリルは、使い方を誤ればドリルを折ってしまう、真っ直ぐ穴が開けられない等のトラブルが発生します。こうしたトラブルを起こさないためのポイントを小冊子にまとめるのです。お客の立場からすれば、ドリル加工を行なう前に、こうした情報は知っておきたいはずです。工場のように、作業者がドリル加工機を使うような職場であれば、作業者の教育ツールとしても有効に活用できます。仮に、自社のドリル加工機を採用していない会社だったとしても、こうした役に立つ小冊子を作成したメーカーは、お客から共感を得ることができ、こちらに対するガードは大きく下がるはずです。

BAD
売り手視点で売り込みの小冊子
○×住宅
カタログ
無料
プレゼント！
売り込みの
カタログなんて
要らないわ…

GOOD
顧客視点でメリットのある小冊子
失敗しない
リフォーム
会社の選び方
無料プレゼント
へぇー、
これ参考になりそう!!
請求しようっと!!

7-9 DVD（動画）のポイント

商品の中には、いかに立派な商品カタログをつくっても、いかにうまく説明しても、実物を見なければなかなか理解してもらえないものがあります。ところが、実物を見せようにも商品が大きかったり重かったりすると、営業先に持ち込むことはできません。そうした商品の場合に、大きな効果を発揮するのがＤＶＤ（動画）です。

ＤＶＤの動画であれば、ノートパソコンやポータブルＤＶＤプレーヤー等で、客先でも簡単に動画を見てもらうことができます。

たとえば産業用ロボットなど、複雑な動きをする商品の場合、商品カタログや口頭で伝えるにも限界があります。しかし、ＤＶＤで実際にロボットが動いて作業しているところを見せることができれば、より正確な商品説明をすることができます。

また、先ほどのドリル加工機の場合でも、従来品が30秒かかるところが15秒でできるのであれば、その比較をＤＶＤに収録すればいいでしょう。たとえば、最初に従来品の穴開けの様子（1穴開けるのに30秒）を見せ、次に新商品の穴開けの様子（1穴開けるのに15秒）を見せます。さらに、従来品の条件を30秒から無理やり15秒に縮め、ドリルが折れるなどの不具合を見せれば、いかに新商品の性能が高いかということを、かなりの説得力を持ってお客に伝えることができます。

営業プロセスの「問題解決提案」の中で、高額商品を販売するために有効な方法として、〝実物を見せる〟、〝実際に使ってもらう〟というポイントを述べました。要は、ＤＶＤによる動画を見せることで、同じ効果を狙っているのです。

とくに、今まで世の中になかったような画期的な新商品になればなるほど、こうした動画での訴求は有効になります。日本のマーケット、とくに法人営業の分野は保守的です。いくら理屈のうえで「よい商品」だということがわかっても、それだけではなかなか購入に至らないのが現実です。

実際の事例を知ってもらうことに加え、実物を見てもらうということが非常に有効な手段なのです。

セールストークだけに頼る営業

BAD
本当
かな…
う〜ん、
ウチの場合は
特殊ですからねぇ
カタログ
従来商品だと
30秒かかるところが
このドリルだと
15秒で穴が
開けられます！

動画を活用した営業スタイル

GOOD
なるほど!!
ウチでも
試してみよう！
まずは、こちらを
見てください!!

個別対応の営業ツール

7-10

さて、さまざまな営業ツールについて述べてきました。これらは自社のすべての見込み客、顧客向けに使用することを前提とした営業ツールです。

それに対して、お客ごとに個別対応して制作する営業ツールもあります。個別対応の営業ツールとしては、以下のようなものがあげられます。

①提案書

②新聞・雑誌・業界誌の切り抜き

提案書は、代表的な個別対応の営業ツールと言えます。住宅やコンピュータシステムのような高額商品、あるいはコンサルティングや広告など、形のないサービスを提案するときに必要となる営業ツールです。提案書の作成とプレゼンのポイントについては、次章でくわしく説明します。

新聞や雑誌の切り抜きは、それだけで立派な営業ツールとなります。お客が関心を示す新聞や雑誌の記事としては、以下のようなものがあげられます。

①顧客が現在、取組んでいるテーマに関連する記事

②顧客が属する業界に関連する記事

③顧客のさらにその先の顧客に関連する記事

①については、たとえば顧客が環境マネジメントシステム（ＩＳＯ１４０００シリーズ等）に全社をあげて取組んでいる場合は、環境関連の記事を持参するということです。

また②については、たとえば顧客が自動車業界であれば、自動車市場に関連する記事を持参します。

さらに③については、自分のお客のその先のお客の記事を持参するのです。たとえば自分のお客のお客が、新聞などで業績好調と紹介されていたとします。そうした記事を切り取って、「御社のお客さまが新聞に出ていましたね」と営業の際に持参するのです。お客の立場からすれば、「この営業マンは、いつも情報を持ってきてくれるな」と思うと同時に、「いつもうちのことに気をかけてくれているんだな」と思うはずです。いつも、「お客に持って行けるネタはないか?」と考えながら新聞・雑誌を読む癖をつけたいものです。

BAD
ヒマつぶしのための情報収集
眠いな〜
アホ〜
○○スポーツ

GOOD
営業を意識した情報収集
さすが！
これはあのお客さんに
持って行けるな！
切り抜いて
おこう！

8 章

提案書の作成とプレゼンのポイント

8-1 どのような場合に提案書が必要か

前章でも述べましたが、提案書は代表的な個別対応の営業ツールと言えます。とくに、以下のような商品や営業形態の場合、提案書が利用されます。

①コンピュータシステムや建物など、顧客によって仕様が異なる商品

②コンサルティングやイベント・広告企画など形のない商品

③省エネやコストダウンなど、現在使用している商品との比較を打ち出したい商品

また、上記の要素に加えて「高額」な商品の場合、提案書が多く利用されます。これら商品に共通して言えることは、購入して実際に使用してみるまで商品の効用がまったくわからない、というところにあります。

コンピュータシステムにしても建物にしても、基本形はあるものの、顧客のニーズにマッチしたものでなければ使い物になりません。

ところがコンピュータシステムの場合は、実際に完成したものを業務でしばらく使ってみないことには、その商品の良し悪しは判断できません。建物の場合も、完成してからしばらく住んでみないことには、問題点があったとしても把握することはできません。

ましてや、コンサルティングやイベント・広告企画となると、そのサービスを実際に使ってみないことにはまったく判断することができません。とくにコンサルティングなどは、その担当コンサルタントによって、内容や顧客満足度も大きく変わってきます。

また、省エネやコストダウンを目的に導入する商品の場合は、現在使用している商品との比較が必要不可欠です。たとえば最近では、太陽光発電装置を導入している家庭が増えています。この場合も、現在の電気の使用状況から、高額な太陽光発電装置を導入しても何年で元がとれるのかという提案をしないことには、商品の購入には至らないでしょう。

このように、個別対応で営業活動における「説得力」を強化しなければならないケースで提案書が必要となるのです。

提案書を出せない営業

BAD
何か
不安だな…
とにかく、実績は
ありますから
任せてください！
提案書

必要に応じて提案書が出せる営業

GOOD
しっかりした
会社だな…
ここなら
頼めそう
だな…
では、御社向け
Webサイトの
ご提案をさせて
いただきます
提案書

8-2 提案書の目的は受注だけではない

では、そんな提案書の目的とはいったい何なのでしょうか。提案書の目的として、次の3つを挙げることができます。

①業務内容や責任範囲を明確にして受注後のトラブルを防ぐ
②お客に商品の機能や利点、利益を理解してもらう
③お客に対するこちらのイメージを上げる

売る側の立場として、提案書の目的は②や③に行きがちです。しかし、提案書を必要とするような商品は高額であり、かつ仕様自体も顧客ごとに個別対応するケースがほとんどです。営業の仕事は「売って終わり」ではありません。とくに法人営業の場合は、納入・検収後に伝票を入れ、手形あるいは期日指定払いで回収を行なうのが一般的なパターンです。「検収」とは、「仕様通りの商品が納められたので、商品代金の支払いに同意する」という客先の意思のことです。たとえば、工場などで使用するような機械設備の場合、納入後にテスト運転を行ない、結果に問題がなければ検収書という書類に客先のサインをもらいます。こうした作業が、いわゆる「検収」です。このとき、納入された商品がどんな条件をクリアしたら検収をあげるのかという取り決めのことを「検収条件」と言います。客先によって仕様が異なるような商品の場合は、必ず契約前に「検収条件」をきっちりと決めておく必要があります。この「検収条件」があいまいだと、納入後にお客とのトラブルの原因となります。

とくに、提案書が必ず求められるような「形のない商品」の場合、こちらの「やること」を明確にするということは、言い換えると、「検収条件」を明確にするということにつながります。たとえば船井総研のコンサルティングの場合でも、業績アップの手段としてホームページ制作の提案を行なうことがよくあります。

ただし、ホームページ制作はあくまでクライアントに行なってもらうのであって、船井総研が行なうのはデザインやサイトマップなどの提案です。コンサルティングをスタートする前にこうしたことを明記した企画書を出しておかないと、後々トラブルの原因にもなるからです。

BAD 口頭での打ち合わせで検収条件が不明確

BAD
とにかくきちんとやってもらわないと！
そんなこと聞いてないよ！
ですが、一般的にこの業界ではそこまで含めないんです…

GOOD 提案書で検収条件がクリア

GOOD
う〜ん…たしかにそう書いてあるな…
打ち合わせでも申し上げましたが、それはオプション扱いです
じゃあ、追加見積りしてもらおうか…

8-3 紙1枚の提案書でもイメージアップ効果あり

提案書を作成する、と言うと難しそうで、何だか敷居が高い気がしてしまいます。しかし、「こちらのイメージアップを狙う」という意味では、A4用紙1枚だけのレジュメでも効果は大きいのです。

以前、私のクライアントのある社長さんが、「今度、新たに取引を始めたA銀行の担当者は優秀なんだよ」と、その担当者の話を私に教えてくれました。そのA銀行の担当者は訪問する際に必ず、A4用紙1枚のレジュメを持参してくるのだそうです。そして、商談が始まる際にそのレジュメを取り出し、「社長、今日はこの3つのテーマについてお話をさせていただきたいと思います」と、そのレジュメに沿って話を進めるのだそうです。この社長は、私にそのレジュメを見せながら、「いやあ、A銀行は優秀ですよ。今後はA銀行を準メインにしようと思っているんですよ」と話していました。

私もそのレジュメを見せてもらいましたが、とくに内容的にすばらしいわけではありません。ただ単に、その日に話すテーマ（融資枠の再設定、投信商品の案内等）を7行程度箇条書きにしただけのものです。

しかし、社長（＝お客）の立場から見ると、手ぶらでやってくる銀行マンと、事前に打合せの内容をまとめてくる銀行マンとでは、受け取り方がまったく異なるということなのです。

また、私の顧問先で工場に工作機械を販売している商社がありますが、その会社は現在の不況下でも好業績を維持しています。その商社は社長の方針で、引合いが発生したら必ず引合いの商品だけでなく、その商品と同じスペックの他メーカーの商品との機能比較表を提出するようにしているのです。たとえば、B社のドリル加工機の引合いが発生したら、B社のライバルであるC社、D社、E社の同等商品の機能（モーター出力・機械重量・設置スペース等）を1枚の表にまとめて、商品カタログと一緒にお客に提出するのです。機能の比較表をまとめて提出するということは、目的としては提案書を提出することと同じになります。たとえ紙1枚であっても、提案書は大きなイメージアップ効果が見込めるのです。

BAD
惰性で訪問してくる営業
社長、景気は いかがですか？
この人の話は いつも世間話 ばかりだな…

GOOD
事前に打ち合わせ内容をまとめてくる営業
今日は、この 3つのテーマで お話ししたいと 思います
なるほど なるほど
きちんと ウチのことを 考えてくれて いるな…

8-4 受注につながる提案書のポイント

さて、そのように効果の高い提案書ですが、受注につなげる提案書にするためには、いくつかのポイントがあります。そのポイントを以下にまとめます。

①全体の流れや文章そのものがわかりやすいこと

②提案書に必要な7つの要素（現状確認、問題提起、解決策提示、実行スケジュール、費用、責任範囲、責任者／担当者）を押さえていること

③アウトプットイメージや事例などが添付されていること

上記①は、提案書にとって必須と認識していただきたいと思います。船井総研でもそうなのですが、スキルの浅いコンサルタントほど難しい話をしようとします。逆に、ベテランのコンサルタントは非常にわかりやすく話をします。ベテランほど相手の立場に立てる、言い換えるとコミュニケーション能力が高いからわかりやすい話ができるのです。

提案書も同じです。あくまでもお客の立場に立ち、お客が100％理解できる言葉でわかりやすい文章を書くように心がけなければなりません。また、文章のわかりやすさだけでなく、提案書の構成や全体の流れもわかりやすい組み立てにすることも求められます。

また、提案書に入るべき内容が入っていないと、提案書として意味をなしません。同時に、お客に「不安」を与えることになり、営業面で不利になります。

提案書全体の流れや、提案書に必要な7つの要素については後ほどくわしく述べますが、提案書の作成に慣れないうちは、こうした基本的な流れに沿ってつくるべきでしょう。

さらに、受注を狙う提案書にするためには、提案内容の具体的なアウトプットイメージや事例などを添付しておくことも、ポイントになります。

たとえば、個別対応による階層別教育の提案などの場合でも、過去に実施したカリキュラムの例を添付しておきます。あるいは何かの市場調査提案の場合でも、その市場調査報告書のアウトプットイメージを、他の事例でもいいから添付しておくのです。

BAD わかりにくく、専門用語を羅列した提案書

部長、さっぱり
わかりませんね…
う〜ん
聞く気も
ないしな…
つまりですね…
SEOには
メタタグを考慮した
うえでテキストに
反映させます
ユーザーインター
フェースに
ストリーミングを
採用して…

GOOD わかりやすく、基本を押えた提案書

部長、こちらに
お願いしましょうか
そうだな
①わかりやすい
こちらが
具体的な
事例ですが…
②提案書の７つの要素
③アウトプット
イメージや事例

8-5 提案書の基本的な流れ

今述べている「提案書」、あるいは「企画書」には、定型とも言える基本的な流れがあります。それは、

導入 ⇩ 複雑化 ⇩ 問題提起 ⇩ 解決策の提示

というものです。〝導入〟は、いわゆる現状確認です。ここは、「先日お聞きした現在の状況を以下にまとめます」といった書き出しになります。〝複雑化〟は〝導入〟の延長線上にあるのですが、〝問題提起〟につながるように、読む側に問題意識を持たせる部分です。

たとえば、「会社が急成長する反面、若手社員の早期退職やセクショナリズムの傾向が見られるように……」といった感じです。そして、「現在、認識されておられる社内の問題点として次のことがあげられます……」と〝問題提起〟につなげていきます。

また〝解決策の提示〟として、「これらの問題点を解決するため……以下の要領で階層別教育研修をご提案します」と具体的提案につなげます。

さらにこの基本的な流れの中に、先ほど述べた〝提案書7つの要素〟をあてはめます。たとえば、ある企業に階層別教育の提案をするなら、提案書の項目は以下のようなものになります。

導入	1	はじめに	
複雑化	2	現在の状況	…①現状確認
問題提起	3	現在の課題・問題点	…②問題提起
解決策の提示	4	階層別教育研修のご提案	…③解決策提示
	5	実施スケジュール	…④実行スケジュール
	6	費用	…⑤費用
	7	注記事項	…⑥責任範囲
	8	実施担当者・連絡先	…⑦責任者／担当者
	9	参考資料（過去の実施例）	

この例で「7　注記事項」は、この場合だと〝教育研修実施の会場は貴社にてご準備願います〟といった内容の、責任範囲を示す注記項目が入ります。

また最後に「9　参考資料」として過去の事例を添付し、この分野での実績をアピールしています。

BAD
フレームワークに基かない提案書
大丈夫
提案書なんて
難しくて僕には
作れないよ…

GOOD
フレームワークに基いた提案書
基本的な流れを押えれば
簡単に作れるよ！
なるほどッ！
導入
複雑化
問題提起
解決策の
提示

8-6

パワーポイントがよいのか、ワードがよいのか

最近では、こうした提案書はパソコンでつくられるケースが大半です。こうした提案書を作成するためのソフトとしては、パワーポイント、ワード等が代表的なものでしょう。また、エクセルを多用して作成する人もいます。提案書を作成するうえで、これら各種ソフトのメリット・デメリットを以下にまとめます。

一般に、プレゼンテーションを前提とする場合には、パワーポイント（横向きレイアウト）で提案書を作成します。

しかし、常に提案書をプレゼンテーションに使用するとは限りません。面談後に提案書を送付して、お客に読んでもらうことで判断してもらうケースもあります。このような場合には、文章主体の提案書としてワードを活用したほうがいいでしょう。

また、ディーラーヘルプス（販売店支援）等のように、数値主体で頻繁に提案書を出すケースもあります。このような場合にはエクセルを活用して、フォーマットを決めて提案書を作成したほうがいいでしょう。

このように、自身の営業特性によって活用するソフトも変わってきます。使用するソフト選びが提案書作成の第一歩なのです。

ソフト名	メリット	デメリット
パワーポイント	・ビジュアルなレイアウトがしやすい ・プレゼンテーション用ソフトである	・文章主体の場合は機能が限定される ・ワード・エクセルほど普及していない
ワード	・文章が主体の場合は機能が多い ・表や枠組みなどが精度よく行なえる	・機能を使いこなすのに習熟が必要 ・プロジェクター等での投影には不向き
エクセル	・表計算が主体の場合は使いやすい ・慣れれば手軽に使うことができる	・画面上と印刷上とで異なることがある ・プロジェクター等での投影には不向き

ポイントを外したソフト選択

BAD
ソフトには、それぞれのポイントがあるんだよ
う〜ん
提案書って、どのソフトを使うのがベストなのかな〜
やっぱりパワーポイント?

目的に合わせたソフト選択

GOOD
よし、早速作ってみよう！
今回のケースなら、パワーポイントだね！
プレゼンなら→パワーポイント
文章主体なら→ワード
表計算なら→エクセル

8-7 パワーポイント活用のポイント

提案書を作成したら、何人かのお客の前でプレゼンテーションを行なうこともあるでしょう。こうした場合に多用されるソフトが、先ほど述べた〝パワーポイント〟です。〝パワーポイント〟は、プレゼンテーションを前提に考えられたソフトであり、提案書の作成にも多用されているソフトです。

プレゼンテーションを行なうことを前提に、パワーポイントを活用するポイントを以下にまとめます。

①文字は18ポイント以上を基本とする
②ワンシート・ワンメッセージを基本とする
③文字やイラストの動作機能を使いすぎない
④グラフやチャートを使いすぎない
⑤プレゼンに慣れていない場合は、話すべきことをシートにすべて入れておく

上記のうち①は、プレゼンテーションの際に後ろからでも見えることを考慮してのことです。

②〜④は、プレゼンテーションを受ける側の「わかりやすさ」に配慮してのことです。〝ワンシート・ワンメッセージ〟とは、1枚のシートで伝えるべき結論はひとつに絞るということです。1枚のシートから複数の結論が導かれると、聞く側は次のシートへの展開がわかりにくくなります。文字やイラストの動作機能も、プロのコンサルタントなどはほとんど使用しません。どうしても使用したい場合は、シートを限定して使用するべきでしょう。

グラフやチャートも使いすぎると、何が言いたいのかがわかりにくくなります。ひとつの提案書の中で、グラフやチャートの使用は数点以内に留めます。

またプレゼンに慣れないうちは、プレゼンで伝えたいことをすべてシートの中に盛り込んでおきます。そうすることによって、緊張して伝え忘れを起こすようなことが防げます。

パワーポイントを使用すれば、仮にプレゼンテーションに不慣れだったとしても、それなりのプレゼンテーションを行なうことができます。パワーポイントは非常に便利なソフトなのです。

BAD
話し手本意のプレゼン
5
シューン
導入
シューン
はい、次にですね…
何だか
わかりにくい
ですね
って言うか
見えないよ…

GOOD
聞く人の立場に立ったプレゼン
5.提案書の基本的な流れ
導入
複雑化
問題提起
解決策の提起
次に、提案書の
基本的な流れ
ですが…
見やすくて
わかりやす
いな…

8-8 受注につながるプレゼンテーションのポイント

こうしたプレゼンテーションを実施する目的は、こちらの提案に同意をしてもらい、そしてその提案を実行してもらうことにあります。本書のテーマで言えば、プレゼンテーションの目的は、すなわち受注することにあります。そのために必要なことは、

①まず、相手からこちらへの共感を得ること
②こちらの提案を相手に理解してもらうこと
③こちらの提案を相手に納得してもらうこと

の3点になります。まず、こちらへの「共感」を得るためには、「見た目」や「話し方」が非常に重要な要素となってきます。

4章でも述べましたが、見た目で第一印象の70％が決まるという〝メラビアンの法則〟を思い出してください。また、「見た目」には服装や髪型だけでなく、「表情」や「視線」も含まれます。表情については、無理につくり笑いをする必要はありませんが、覇気のない表情や怒ったような表情は禁物です。

視線については、最もまずいのは手元の原稿を見ながらプレゼンを行なうことです。原稿を確認する場合には、プロジェクターによって映し出されたシートを見て行ないます。また、聞き手に対する〝アイ・コンタクト〟も非常に重要です。〝アイ・コンタクト〟とは、聞き手に視線を合わせるということです。〝アイ・コンタクト〟は、プレゼンの合間に行ないます。聞き手が数人の場合には、聞き手全員に〝アイ・コンタクト〟を行ないます。相手の目を見るのに抵抗がある場合は、ネクタイのあたりを見るようにします。聞き手が大人数の場合には、演壇から最も奥に座る人から手前まで、バランスよく〝アイ・コンタクト〟を行なうようにします。

また、相手の共感を得るうえで「声のトーン、スピード」も重要な要素となります。声のトーンはできるだけ低く、比較的ゆっくりとしたスピードで話すようにします。

もちろん、相手から共感を得るためには「見た目」や「話し方」はもちろん、事前の会場の準備や資料の準備などにも万全を期さなければなりません。

BAD

アイ・コンタクト、声のトーン・スピードを意識しないプレゼン

受注につながる
プレゼンテーション
①
②
③
ZZZZZ…
ボソボソ
早く終わらないかな…

GOOD

アイ・コンタクト、声のトーン・スピードを意識したプレゼン

受注につながる
プレゼンテーション
①
②
③
次にですね…
この人には共感できるな…

8-9 相手にわかりやすい話をするポイント

次に、プレゼンテーションにおいて考えなければならないことは、相手にこちらの話を「理解」してもらうということです。つまり、相手にわかりやすい話をするということがポイントになります。

わかりやすい話をするためには以下のようなポイントがあります。

①これから何の話をするのか予告する

②総論⇩各論⇩結論、の流れで話をする

③相手が知らない専門用語や難しい言葉を使わない

話をわかりやすくするために最も重要なことは、これから何の話をするのかを予告することです。人間は、先行きが見えない状態に置かれると不安になり、モチベーションを落とすという特性があります。ですから、これからこちらが話す内容を明確にしておくというのは非常に重要なことなのです。とくに効果的なのは、「これから、○○についてのお話をさせていただきますが、ポイントは3つあります」と、話のポイントを3つにまとめてしまうのです。これは、コンサルタントなどがよく使うテクニックですが、仮に難しい話であってもわかりやすく感じさせ、また説得力も出る方法です。

また、まず初めに「総論」を話し、次に「各論」に入って最後に「結論」を述べるのが基本的な話の進め方です。たとえば、「当社ではこの1年間、営業改革に取組んできました（総論）。

その結果、A部門では○のような成果が、B部門では○のような成果が見られました（各論）。したがって、現在の取組みを今後も継続して取組んでいきます（結論）」という流れになります。総論と各論、さらに結論が入り乱れると、脈絡のない話にとられてしまいます。

また、プレゼンテーションの初心者によく見られることですが、専門用語や難しい言葉は使わないようにします。どうしても使う場合には、その言葉の意味を中学生にでも理解できるレベルで説明しなければなりません。

こうしたことは、いかに聞く側の立場に立てるかという「気配り」につながります。営業もプレゼンテーションも、基本的なポイントは同じなのです。

BAD
聞き手を不安にさせるプレゼン
相手にわかりやすい話をするポイント
①
②
③
ZZZZZz…
ボソッ
ボソッ
いつまで
続くんだ
この人の話…

GOOD
聞き手を不安にさせないプレゼン
相手にわかりやすい話をするポイント
①
②
③
これから3つの
お話をします
なるほど
なるほど

8-10 提案書がつくれ、プレゼンができる営業マンになろう

最後に、営業目的のプレゼンテーションにおいては、こちらの提案に対して「納得」してもらい、受注に結び付けなければなりません。

こちらの提案に対して「納得」を得るためには、提案書のロジックや提案内容はもとより、こちらがお客から「信用・信頼」されることが何よりも重要なポイントになります。そのためには、プレゼンテーションを行なう人そのものの人間性が問われるのです。

プレゼンテーションの〝プレゼンス〟とは、日本語で言うと「存在感」、「雰囲気」という意味です。多くの人の前に立つと、必然的にその人の人間性や、今までどのような過ごし方をしてきたかということが一目瞭然に表われます。

営業マンであれば、前向きに日々の仕事にベストを尽くしていくことが〝プレゼンス〟を上げ、「信用・信頼」されることにつながるのです。

提案書についても、本章でも述べましたがA4サイズ1枚の提案書でもいいのです。お客への提案を何か紙にまとめて提出するということは、営業面でも大きなイメージアップにつながります。また、自分の考えを紙に表わすということは、自分自身の論理力を高めるうえで大きな効果があります。一般的に人は、頭で考えていることの約70%しか口に出して伝えられないと言われています。さらに、口に出して伝えられることの約70%しか紙に書いて伝えられないと言われています。

ということは、70%×70%＝49%で、頭で考えていることの約半分しか紙に書いて相手に伝えることはできないということになります。逆に考えると、紙に書いて相手に伝えることが習慣化されれば、自分自身の考えもより深まるということになります。このように、A4サイズ1枚でもいいので、自分の考えや提案を紙に書いて相手に伝えるということは、自分自身を成長させるうえでも有効な訓練なのです。

営業マンの基本は日々の営業活動です。提案書の作成やプレゼンテーションは、いわば応用編ですが、こうしたことがこなせる営業マンを目指したいものです。

提案書作成・プレゼンは仕事ではないと考える営業

BAD
プレゼンに行ってきまーす
それは時代遅れですよ
営業マンは売り子!!
とにかく足で稼ぐんだ!!

提案書作成・プレゼンができる営業

GOOD
これからの時代は学生も提案書作成・プレゼンくらいできないと！
なるほど

9章

クロージングのポイント

9-1 クロージングとは何か

いよいよ、〝商談をつくる営業プロセス〟最後のステップであるクロージングです。クロージングとは、まさに商談最後のプロセスであり、商談から受注に至らせるためのアクションのことです。

具体的に言えば、お客に「ご注文をいただけますか」と成約に結びつくようなアクションをとることをクロージングと言います。

本書の最初でも述べましたが、ひとつの商談に執着してしつこく追い回すのは最もまずいパターンです。営業の基本は多くの商談をつくっておき、落ちてくるのを待つのが基本です。ただし、商談の中にはクロージングをかけて早期に受注をしたほうがよいケースもあります。また、なかにはクロージングをかけなければ決まらない商談もあります。このようなケースでは、クロージングをかけなければなりません。

たとえば生命保険のセールスなどは、クロージングが必要な営業の典型でしょう。これは私自身の経験ですが、社会人になって間もない頃、私が当時勤めていた職場には、ある生命保険会社のおばちゃんが、毎日セールスに来ていました。そのおばちゃんは、私に保険を売り込むことなく、世間話ばかりしていきました。私の趣味が読書だと知ると、「知り合いに本屋がいて2割引で買える」とすすめられました。仕事が忙しくて本屋に行けないこともあり、そのおばちゃん経由で本を買うことが多くなりました。その後、「参考までに」と保険の企画書を何種類かもらいました。しかし、このおばちゃんは私に一切保険をすすめてきません。世間話や本の話をするばかりです。ところがある日、珍しくこのおばちゃんが私に電話をかけてきました。そこで、「片山さん、ごめんなさい！　私、今月どうしてもノルマが足りなくて、お願いだから今月契約してくれない？」と迫られ、勢いに負けた私は思わず保険を契約してしまいました。

これがクロージングです。生命保険の場合、結婚でもしない限りクロージングをかけられなければ契約することにはまずなりません。このように、私はクロージングをかけられて契約をするに至ったのです。

BAD
クロージングを意識しない営業
アホ～
営業所
とにかく今日も
外回りしなきゃー
ふぁ～
その前にキッサ店
でも行くか…

GOOD
クロージングを強く意識した営業
今月はこの人と
この人に
クロージング
かけなきゃ!!
集客リスト

9-2

情報発信の段階からクロージングは始まる

後で知ったことですが、このおばちゃんはその生命保険会社営業所の中でのトップセールスでした。

このおばちゃんは私に「ターゲティング」して「作戦立案」を行ない、アメ玉と自己紹介シートを持って私に「アプローチ」してきたのです。そして、テレビ番組冊子で「情報発信」をし、私がテレビよりも読書を好むことを「ヒアリング」したのです。さらに、私が〝忙しくて本屋に行けない〟という「ニーズ把握」を行なったうえで、書籍が2割引で買えるという「問題解決提案」をしてきたのです。そして、世間話の中で私の情報を得ながら、私に最適と思われる〝保険の企画書〟（見積り）を出してきたのです。そして、チャンスを見て一気に「クロージング」をかけてきたのです。

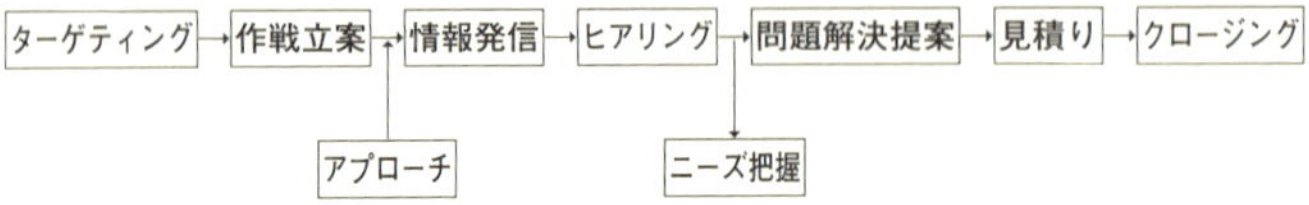

このように、この生命保険セールスのおばちゃんも〝商談をつくるための営業プロセス〟に沿って営業活動を進めていることがわかります。さらにこのおばちゃんの場合、「情報発信」、「ヒアリング」の段階から〝仮説〟を立て、どのように「クロージング」を行なうか考えていたはずです。たとえば、「本が好きな人なら、このようにクロージングしよう」、あるいは「コンサート好きの人なら、このようにクロージングしよう」とストーリーを考えていたはずです。

このように、商談を確実に成約に結びつけるためには、最初の段階からストーリーを持って商談に臨むことが求められます。つまり、〝行き当たりばったり〟のクロージングではダメだということです。〝行き当たりばったり〟でストーリーのないクロージングでは、単なる「しつこい営業マン」以外の何者でもありません。

これは、最もお客に嫌われるパターンであり、本来のクロージングとは異なるものです。ストーリー性のあるクロージングは、決してお客に「しつこい営業マン」と感じさせることはないのです。

BAD
行きあたりばったりで作戦のない商談プロセス
わが軍は突撃あるのみだ!!
そうであります!

GOOD
作戦・ストーリーのある商談プロセス
今回はこの作戦でいこう!
そうですね

高額商品ほど一発で決めよう

9-3

前にも述べましたが、私はコンサルタントになる前は、商社で主に工作機械の営業をしていました。中小企業の比率が高い関西支社に勤務していたこともあり、顧客は日本を代表するような大手企業から社員数人の零細企業まで千差万別でした。その当時の上司からよく言われていたことは、「中小企業からの引合いは回数通うな！　一発で決めろ！」ということです。中小企業は大手企業と違い、オーナーの一存ですべての決裁が下ります。とはいえ、工作機械の平均単価は１４５０万円と非常に高額です。「そんな高価な商品を一発で決めろだなんて……」と思いましたが、実際にその上司は1回の見積りで受注してくるのです。

ここで私が言いたいことは、「足繁く通う」ことが必ずしもベストではない、ということです。事実、私の場合でも、クロージングのために通えば通うほど不利になっていきました。商談に時間をかけすぎると、ライバル企業から相見積りをとられるなどして不必要に値切られるのです。あるいは周囲と情報交換をするうちに、購買意思が揺らぐといったことが起きるのです。このように、高額商品になればなるほどクロージングまでのストーリーを考えて、必要最小限の訪問回数で受注にまで持ち込まなければならないのです。

たとえば、ある高級羽毛布団を販売している会社の場合は、以下のようにクロージングまでの流れがマニュアルで決められています。初回訪問は5分で引き上げる。しかし、2回目の訪問では2時間前後かけてクロージングまで一気に持ち込むのです。

このように、初回訪問からクロージングに至るまでの流れは、ある程度パターン化することは可能です。

クロージングがパターン化されているセールスの代表格がマンション販売でしょう。マンション販売の場合、すべての部屋を一度に分譲せず、分譲時期を分けることにより、「抽選」という期限設定を営業に取り入れています。「抽選」の結果〝当たり〟を引くと、その時点でクロージングの期限設定をされたようなものと言っていいでしょう。

BAD
何や、またアンタか？
あんな見積り高すぎるわ！
あれ？
また来たの？
半値八掛け
なら
買ったるぞ！
毎度！ 社長
その後いかが
ですか？
とにかく
通えば買って
もらえるさ…

GOOD
よし、わかった。
アンタを信じて
発注するわ!!
母さん、
ハンコ！
えっ、もう
決めたの？
ありがとう
ございます!!

9-4 クロージング5つの作戦

クロージングのテクニックとしてはさまざまなものがありますが、代表的なものが、6章で述べた見積書提出時の納期確認でしょう。見積書を提出する際に、必ず「納期的にはいつ頃をお考えですか?」と聞くことによって、次のアクションを起こすためのきっかけをつくっておくのです。

これは、われわれコンサルタントがコンサルティングを受注する際にも活用するテクニックです。たとえばコンサルティングの商談の場合、新幹線や飛行機等を利用するような遠隔地の企業から引合いが発生するケースが多々あります。このような場合は交通費をいただいて訪問するのが基本ですが、そうなると何回も訪問して成約に至らせるわけにはいきません。

したがって、初回訪問で受注するのが基本とは言え、会社によっては役員会の了承を得るなどの手続きが必要なケースもあります。その場合は、訪問後に提案書を送付して成約に至らせます。このとき、提案書を送付して成約させるためにはポイントがあります。そのポイントとは、提案書送付後に先方に電話をかけ、まずは提案書が間違いなく届いているかどうか確認します。そしてその際、「コンサルティングのスタート時期としてはいつ頃をお考えですか?」と聞くのです。その際に明確な回答が得られれば、その案件はほぼ決まります。しかし、「いえ、そんなに急ぐわけではないのですが……」のようにあいまいな場合、その案件が決まる確率はかなり低いと言えます。

このように、クロージングはある程度パターン化して営業に取り入れていくことが可能です。こうしたクロージングをかけやすくするための作戦のうち、代表的なものを以下にまとめます。

①納期作戦
②期末作戦
③キャンペーン作戦
④展示会作戦
⑤その他

次項から、これらについてくわしく述べていきます。

BAD

悩んで決められないクロージングの作戦

うーん、クロージングの
作戦どうしよう…
あ、先輩!
何を悩んでるの?

GOOD

パターン化されたクロージングの作戦

なるほど!
①納期作戦
②期末作戦
③キャンペーン作戦
④展示会作戦
⑤その他
クロージングも、
いくつかの
パターンで覚えれば
いいんだよ!!

9-5 クロージングのテクニック①：納期作戦

代表的なクロージングのテクニックが「納期作戦」になります。これは6章でも述べた通り、「そろそろご発注いただかないと、納期的に厳しいのですが……」とクロージングをかける作戦です。一般消費者が趣味や嗜好で購入する場合は別として、法人が何か商品を購入する場合には、常に納期がついてまわります。とくに中堅・大手企業の場合は、年間で予算が組まれていますから、期ごとに予算を消化する必要があります。こうした場合などは、とくに「納期」が重要な要素となってきます。

さらに工作機械など、工場で使用する生産設備については、「先行手配」という問題が発生してきます。「先行手配」とは、お客の正式な注文が出ていない状態で、納期に間に合わせるために先行して商品の手配を行なうことを指します。営業マンとしての原則は、お客からの注文書なしに商品を手配することは絶対にNGです。しかし、顧客特性や業界特性から先行手配がやむを得ないケースもあります。

たとえば、大手企業がおおがかりな生産ラインを購入する場合、その生産ラインをスタートさせなければならない期日、つまり納期は明確に定まっています。ところが、その生産ラインを購入するための社内手続き、すなわち「稟議」は社内の各部署を回る関係もあって、必ずしも納期を意識したものではありません。

こうした場合、今後の取引のことを考えると、お客からの正式注文が出る前に生産に着手せざるを得ないことも多々あるのです。

このような場合、正式な注文書がとれなかったとしても、議事録などに先行手配を行なう旨を、何らかの形で明確にしておくのが基本です。

何よりも大切なことは、こうした先行手配であることを、上司はもちろん社内関係部署と、きちんと情報共有しておくことです。営業はお金がからむがゆえに、ある意味リスクのある職種です。こうしたリスクを1人で抱え込むのではなく、上司や関係部署への「報・連・相」をきちんと行ない、常に情報の共有を図るようにしなければなりません。

BAD

注文書をあやふやに先行手配するする営業

先行手配
できないの？
はぁ…
まだ稟議中だから
注文書出せないよ！

GOOD

何らかの形で注文書をとる営業

何らかの形で
注文書をいた
だかないと、
手配をかけられ
ません！
う～ん、じゃあ
議事録に明記
しておきましょう

9-6 クロージングのテクニック②：期末作戦

「納期作戦」の次にオーソドックスなクロージングのテクニックが「期末作戦」です。「期末作戦」とは、自社の決算期に合わせて売上げを立てたい旨を伝える作戦です。たとえば、

「今回のお見積りですが、実は弊社も3月決算でございまして、何とか今期中の出荷という形でご発注いただければありがたいのですが……」

といったアプローチになります。

この作戦は、あくまでもこちら都合によるものですから、

「今期中のご発注ということでしたら、ここから5％の値引きをさせていただくことが可能です」

といった具合に、値引きなど何らかの形でお客にメリットを与えることが必要になるでしょう。

さらに、なぜ今期中に売上げを立てたいのかを明確にする必要があります。このとき、「自分のノルマが足りないから」という言い方ではなく、「自社が全社をあげて売上上積みに取り組んでいる」という言い方のほうが共感を得やすいでしょう。たとえば、

「実は、全社をあげて最後の売上アップに取り組んでおりまして、今回に限って特別値引きが許可されているのです」

という言い方がよいでしょう。さらに、

「おかげさまで、私自身はノルマ達成ができているのですが、会社をあげての決算期対策ですので、私としても、やはり取り組まざるを得ないのです」

と、あくまでも会社からの指示であることを強調するのです。すると、お客は少なくとも「そうですか。大変ですね」と共感してくれることでしょう。何よりも、こうした言い回しのほうが自分自身の値打ちを落とすことがありません。

この「期末作戦」だけでなく、〝会社から言われている〟、〝上司から言われている〟、商社なら、〝メーカーから言われている〟と第三者からの強い要望で動いている、という言い方が相手から受け入れてもらうポイントです。

自分本意のクロージング

BAD
いくら安くても要らないモノは買えないよ！
実は、このままだとノルマが未達でして…
そんなこと知るか！
価格のほうもがんばりますので、買っていただけませんか？

大義名分のあるクロージング

GOOD
う～ん、安くなるなら考えようか…
会社を挙げて目標必達に取り組んでいまして…
会社のことを思って、熱心な営業マンだな…
今週中の納入なら特別値引きさせていただきますので、お願いできませんか？

9-7 クロージングのテクニック③：キャンペーン作戦

キャンペーンとは期間を設定して、その期間内に購入してもらったお客に対して何らかの特典を与える企画のことです。こうしたキャンペーンも、クロージングを行なううえでは大きな武器になります。たとえば、

「実は、今月末までがキャンペーン期間でして、今月中にご発注いただければキャンペーン価格を適用させていただきます」

といった形になります。

こうしたキャンペーンに近いものが、スーパーのチラシです。スーパーのチラシを見ると、期間を限定して安売りを行なっています。日本人はこうした期間限定の、特典付き販売が大好きです。

たとえば、ある外資系の大手ディスカウントストアは、本国で「エブリデー・ロープライス」というコンセプトを武器に、シェアNO・1をとっていました。つまり、〝いつも最安値で提供していますから、特売はしません〟という考え方です。この大手ディスカウントストアが日本に上陸してきた際、本国と同じように「エブリデー・ロープライス」を謳い、日本のスーパーのような特売チラシは一切打ちませんでした。

ところが、特売チラシを打たないことには、主婦を中心とするお客が寄り付かず、結局他のスーパー同様に特売チラシを打つことになったそうです。

これは一般消費者だけでなく、私の経験から言えば、法人顧客にもあてはまることです。やはり、日本人は特売やキャンペーンが好きなのです。

仮に、キャンペーンをしていなかったとしても、キャンペーンをしていることにして、クロージングをかけるのもひとつの方法でしょう。

その場合は、あらかじめ値引き余地を考えておく、自分で営業ツールとしてチラシをつくる、などの準備が必要でしょう。

いずれにしても、営業マンとして期間を限定する「今だけ」、あるいは購買対象を限定する「あなただけ」という特典が、買う側から見ると非常に魅力的なものであることは知っておくべきでしょう。

BAD
企画なき営業
あっちのお店にいこー
う〜ん
全然値引きはないの？
カタログ
当社は常にベスト価格でご提供しています!!

GOOD
キャンペーンで「今だけ」感を訴求する営業
そーしよー
ねぇ、あなたこちらにしましょうよ！
そうだな
今月中でしたら、キャンペーン価格でご提供できます！

9-8 クロージングのテクニック④：展示会作戦

ここでいう展示会とは、２つのケースが考えられます。それは、

①自ら展示会を開くケース

②展示会に出展者として参加するケース

ということです。①のケースは、いわゆる〝プライベートショー〟と言われるものになります。②のケースは、〝見本市〟などにブースを出展するケースです。いずれの場合も、クロージングのための作戦としては有効と言えます。たとえば、

「来月にプライベートショーを企画しておりまして、プライベートショーまでの期間にご発注いただければ、特別価格で提供させていただきます」

といった形になります。これはプライベートショーでなくても、

「来月に工業見本市に出展するのですが、展示会期間中は展示会特別価格で対応させていただきます」

といった言い回しになります。展示会への出展、ましてやプライベートショーなどは１年のうち何回も行なうことではありません。そうした非日常性が、営業活動においては武器となるのです。

展示会作戦に近いものとして、アメリカの化粧品業界などではパーティーがクロージングのための道具として多用されています。アメリカの大手訪販化粧品会社では、化粧品販売員の自宅でパーティーを開き、そこに見込み客を集めて化粧品のＰＲを行ないます。参加者の中にはその化粧品メーカーのユーザーも含まれており、使い手の立場で、その化粧品のよさをＰＲしてくれる仕組みになっています。販売員の自宅、あるいはユーザーの自宅で開くパーティーというハードルの低さとアットホームな雰囲気も手伝い、同社における重要なクロージングツールになっています。

このように、何らかの展示会に出展することはもちろん、さらに自ら企画したプライベートショーというのは、新規開拓の手段や顧客とのパイプ強化だけに役立つのではありません。クロージングのための強力な武器となるのです。

マンネリ化したルーティン営業

展示会・プライベートショーを利用した営業

9-9 クロージングのテクニック⑤：その他

他にも、クロージングのための作戦としてはさまざまなものが考えられます。たとえば、

①キャンセル品作戦

本当はキャンセル品でなくても、キャンセル品ということで値引きしてクロージングをかけます。

「実は、ちょうど同じ型式の商品でキャンセルが出まして、特別価格でご提供することができます。他にも関心を示されているお客さんはいるのですが、まずは○○様にお話をお持ちしたのですが……」

といった形になります。

②展示品作戦

基本的に、キャンセル品作戦と同じ考え方です。前述の展示会作戦と合わせて行なうとよいでしょう。

「実は、ちょうど展示会で出展した展示品がありまして、特別価格でご提供することができます。他にも関心を示されているお客さんがいるのですが、まずは○○様にお話をお持ちしたのですが……」

といった形になります。

③モデルチェンジ作戦

これも、キャンセル品作戦や展示品作戦と同じ考え方になります。

「実は、ちょうど同じ型式の商品で在庫品がありまして、今度モデルチェンジになりますので特別価格でご提供することができます。他にも関心を示されているお客さんがいるのですが、まずは○○様にお話をお持ちしたのですが……」

といった形になります。

これらのクロージングのための作戦に共通することは、何らかの形で値引き（あるいは、それに相当する魅力的な特典）をつけなければならない、ということです。

ですから、放っておけば決まる商談に対してあせってクロージングをかけ、不必要な値引きをするのはナンセンスなことです。

こうした「あと一押し」が必要な商談かどうかは、営業マンとして見極めなければなりません。

BAD

クロージングをあきらめる営業

あっ
また先輩!
~~①納期作戦~~
~~②期末作戦~~
~~③キャンペーン作戦~~
~~④展示会作戦~~
⑤その他
う〜ん、今回は
どの作戦も無理だ!!
そんな
ことは
ないよ!

GOOD

クロージングをあきらめない営業

そうか!
5-1. キャンセル品作戦
5-2. 展示品作戦
5-3. モデルチェンジ作戦
ペラッ
工夫次第で
いくらでもある
はずだよ!

9-10 営業マンは受注に執着しなければならない

さて、クロージングのテクニックとしてさまざまな作戦について述べてきました。「ここまでやるの？」と思われたかもしれませんが、実はこれらの作戦は、私が前職で実際に行なっていた作戦ばかりです。私が工作機械の営業を行なっていた時代は、バブル後の不況期であり、まともに営業を行なっていても、高額な工作機械などは本当に売れない時代だったのです。

ですから私は、あらゆる手段を使ってクロージングに努め、それでも何とか工作機械を売るべく最善を尽くしたのです。さらに、工場のトイレ改装工事から看板の付け替え工事まで、とにかく工場で発生する引合いについては何でも仕事をとるべく努力しました。こうした経験もあり、私は工場で使用する設備や機器であれば、何でも売れるようになりました。また、この時に身に付けた営業力がその後、船井総研でコンサルタントになってからも役に立っていることは言うまでもありません。

このように、私が受注にこだわるようになったのは当時の上司の影響です。当時の私の上司は、「営業マンは数字が人格や！」、「機械が売れへんかったら、車でも何でも売ってこい！」と、不景気という言い訳は一切許されず、非常に厳しい指導を受けました。

もちろん、法律に違反する行為や道徳的に問題のある行為は許されませんが、営業マンとして受注にこだわる、言い換えれば数字にこだわるという姿勢は、基本中の基本ではないかと思います。

経営コンサルタントをしていて感じることは、あらゆる仕事において最も大切なことは「仕事をとる力」、すなわち「営業力」ということです。「営業力」さえあれば、どのような業種でも、どのような仕事でもこなせると思います。「営業力」の根底には、〝人から好かれる〟という、ビジネスにおける最重要成功要因が必要です。さらに、〝商談を自らつくり受注する〟という力こそが「営業力」なのです。あらゆる業種の営業において、ぜひ自らの〝商談をつくる力〟を上げていただき、さらに〝受注する力〟であるクロージングのテクニックを磨いていただきたいと思います。

「不景気だから…」とあきらめる営業

BAD
商談の木
戦 1
ああ、
不景気だから
仕方ないさ！
あれ、アイツ
何やってんの？
全然、商談
ないよな～

最後までベストを尽くす営業

GOOD
不景気って言ったって、
需要が0になるわけ
じゃないよ！
受注
そうか…
商談の木
作戦 7
作戦 5
作戦 6
作戦 1
作戦 2
作戦 3
作戦 4

10章

事後フォローのポイント

10-1 固定客化こそ最も有効な戦略

営業活動を行なううえで、最も重要なポイントは「固定客化」です。その理由としては、以下のことがあげられます。

①営業の難易度が低い
②新規開拓より効率がよい
③ある程度数字が読める

新規開拓で顧客を獲得するためには、多くの工数とコストを要します。固定客化を図り、安定的なベースを獲得したうえで、さらに新規開拓を行なうのが理想の姿と言えるでしょう。

たとえば、一般消費者向けの住宅セールスのように、一見「新規客」中心型の営業であったとしても、「固定客」は重要な存在です。

この場合の「固定客」とは、知り合いを紹介してくれるような既存顧客のことを指します。とくに、トップセールスと言われるような人は、このような〝紹介型セールス〟を中心としており、いわゆる飛び込み営業のようなことはほとんどしません。

生命保険のセールスでも同じです。やはり、契約をよくとるトップセールスは、「固定客」からの紹介を中心とする営業活動を行なっています。

これは、芸能人でも同じことが言えます。いわゆる、長続きする芸能人というのは、しっかりと「固定客」をつかまえています。こうした人たちは、恒例のディナーショーやライブには、きちんとファンを動員することができます。それに対して、瞬間的にテレビで人気が出たとしても「固定客」がつくれなければ、その芸能人は長続きしません。このように、あらゆる業種・業界において固定客化は商売の基本であることがわかります。

ただし、誤解していただきたくないことは「新規開拓」をするな、ということではないということです。逆に、本当の意味で固定客化を図ろうとするならば、「新規開拓」ができるような営業力ができなければ「固定客」をつくることはできません。

「新規開拓」ができるからこそ、既存顧客の固定客化を行なうことができるのです。

BAD
固定客化をしない、できない営業
そうだな…
フォローも
ないし…
しかしあの人、
一見やり手セールスだった
けど、売ったらおしまいで
その後は全然ね…

GOOD
固定客化を重視する営業
あっ、
いらっしゃい！
今度からはこの人
から買おう！
こんにちはー！
その後いかが
ですか？
きちんと
フォローして
くれるわね！

10-2

顧客との関係性を強化する営業テクニック

このような、固定客化のために顧客との関係性を強化するには、**①営業マン個人で行なうこと、②会社として行なうこと、**という2つの視点で考えることができます。

営業マン個人でできることとしては、以下のことがあげられます。

①御礼の手紙を書く

メールが主流となっている今の時代だからこそ、手書きの手紙は営業上大きな効果を発揮します。とくに、新規開拓や引継ぎなどで初回訪問した後で出す御礼の手紙は効果的です。常に、葉書や手紙・封筒を持ち歩いたほうがよいでしょう。

②プライベートな記念日を覚えておく

たとえば、お客の誕生日を知る機会があったら手帳などに控えておきます。誕生日プレゼントを渡すまでしなくても、「おめでとうございます」とひと言添えるだけで、相手の親近感は増すものです。その家族の誕生日などでも効果的でしょう。

③プライベートな付き合いをする

話題の中で、〝釣り〟や〝山登り〟などの趣味が一致した場合にプライベートな付き合いに発展すれば、これはベストでしょう。とくに、家族ぐるみの付き合いができるようになれば、顧客との関係性はかなり強固なものになります。

④冠婚葬祭の付き合いをきちんとする

顧客の関係者の結婚式にはお祝いの電報を打つ、お葬式の場合には忌中電報を打つ、といったことが基本になります。少しでも情報をつかんだら、いち早く行動することが大切です。

⑤年賀状を出す

手書きの年賀状が効果的です。ほとんどのビジネス年賀状がワープロ打ちですから、手書きの年賀状は目立つし、営業面でも効果があります。

このように、個人で行なう関係性強化の方法としては、いかに個人的な関係性に持ち込むかというところがポイントになります。

BAD 固定客化のチャンスを「手間」だと考える営業

あれっ？
セッセ
セッセ
あ～年賀状
めんどくさいなー
全部パソコンで
つくっちゃえば
楽だもんな…

GOOD あらゆる手段で固定客化を図る営業

年賀状が出せるのは
年に1回のチャンスだと思わなきゃ！
なるほど"！
僕は手書き
だよ！

10-3 クレーム・トラブルは関係性強化のチャンス！

また、顧客からのクレームやトラブルの発生は、逆に関係性を深めるチャンスと捉えるべきです。継続的に取引を行なううえで、また多くの人がオペレーションに関わる以上、クレームやトラブルをゼロにするのは非常に難しいことです。それよりも営業マンである以上は、顧客からのクレームやトラブルをいかにうまく解決するかということを考えたほうがいいでしょう。

クレームやトラブルに対する基本姿勢は、まず「謝ること」です。たとえばクレームの場合、どちらに非があるのかは別として、いずれにしても相手を怒らせてしまったこと自体が問題と言えます。まずは相手の感情を静め、冷静に原因を明確にしていく中で相手に非があれば、それは相手自身も気がつきます。

トラブルの場合も同じです。たとえば、営業を行なう中でよくあるトラブルとして「納期遅れ」があります。「納期遅れ」のようなトラブルは、営業サイドとしては物理的にどうしようもないことです。このような場合はとにかく早く客先に実情を伝え、また、**①何が原因で納期遅れが発生したのか、②少しでも納期を短縮するために何をするのか、③再発防止のために何をするのか**、といった内容の〝見解書〟を提出します。

お客の立場としては、トラブルの原因が何でどのような対策を打つのかということが明文化されて出てくれば、トラブルそのものが解消できないことだったとしても、ある程度納得してくれるものです。一般消費者向け営業の場合には、トラブルの際には菓子折りなどを持参して誠意を見せるのがいいでしょうが、法人営業の場合は〝見解書〟を提出するのが有効です。

クレームにせよトラブルにせよ、最も大事なことは営業マンが「逃げない」ということです。お客との矢面に立つ営業マンが、少しでも逃げるようなそぶりを見せれば、小さなクレームやトラブルが「取引先の見直し」という事態に発展します。

クレームやトラブルのような「ピンチ」を「チャンス」に変えられるかどうかも、ひとえに営業マンの腕次第なのです。

BAD
クレーム・トラブルから逃げる営業
機械の不具合か、そちらの使い方の問題ですね…
そうじゃないだろ!
こっちは困ってるんだよ!
こんなヤツから
二度と買ってやるか!

GOOD
クレーム・トラブルから逃げない営業
申し訳ありません。
まずは早急に
復旧させます!
まぁ、そちらだけの
責任でもないでしょうけど…
この人はお客の立場で
考えてくれる人だな…
今後も付き合えるな!

10-4 顧客との関係性を強化する営業企画

個人として顧客との関係性を強化していくことに加え、会社としても顧客との関係性を強化する施策をとっていくことも大切です。

このように会社（組織）として、営業マンのバックアップを行なっていくことを「営業企画」と言います。営業企画の中でも、顧客との関係性を強化するものとして、以下のことがあげられます。

①プライベートショーの開催

自社主催の展示会のことをプライベートショーと言います。純粋にビジネス面だけを重視して行なうのもいいのですが、土日に開催するなどして、お客の家族まで呼べるような内容にするのも、関係性を強化するうえでは有効なことです。

②ツアーの実施

工場視察ツアーや産業視察ツアーのようにビジネス面を重視するものと、ゴルフ旅行や温泉旅行のように娯楽の面を重視するものが考えられます。両社を併せた企画も有効です。

③セミナーの開催

顧客が関心を持ちそうなテーマで、セミナーを行ないます。たとえば、「太陽光発電による省エネのポイント」といった内容が考えられます。プライベートショーとの併用も効果的です。

④出張展示会の開催

法人営業の場合、有効な方法です。お客の会社や工場などの食堂や会議室を借りて出張展示会を行ないます。顧客が大手企業の場合には、人脈を広げる意味でも効果があります。

⑤販売店会の立上げ

とくに、ディーラーヘルプス営業の場合には有効な方法です。取引先を集めて販売先会をつくり、販売先会所属のお客には何らかの形で特典をつけます。また定期的に集会を開き、施策の伝達や情報交換等を行ないます。

このような各種施策を、会社として企画することにより、顧客と営業マン個人との関係性まで強化することができるのです。

BAD 営業企画に理解を示さない営業

BAD
社長！ 今後は当社としても営業企画に力を入れていきたいのですが…
しかし、それは費用対効果はあるのかね？
う〜ん
企画書
社長

GOOD さまざまな営業企画を活用する営業！

GOOD
会社とお客様との接点も必要ですし
そうか！
すぐにやりたまえ！
企画
営業
会社
お客
営業活動
営業マン
社長
バン
何よりも営業活動のバックアップになります！

10-5

なぜ、イベントへの集客が重要なのか

こうした営業企画のイベントに、どれだけの顧客を集客できるかということも、その営業マンの営業力を知るうえでは有効なことです。

とくに、プライベートショーの中でも「家族ぐるみ」での集客を目的とする場合、顧客との人間関係ができていなければ集客することはできません。ビジネス目的だけのプライベートショーであれば、人間関係がどうあれ、企画の中身次第で集客を行なうことはできます。しかし、顧客の家族まで含めて集客するとなると、本当の人間関係が求められるのです。また、ツアーでも宿泊を伴うツアー、とくに海外へのツアーに顧客を集客しようとすると、この場合もやはり本当の人間関係ができていなければ参加してくれないでしょう。「この営業マンと一緒にツアーに行きたい」と思ってもらえなければ参加してくれないからです。たとえば、法人営業のルートセールス等の場合、営業マン個人のスキルが低くても、担当している顧客さえよければ数字も上がることは多々あります。ところが、いくら数字は上がっていても、営業マンとその顧客との人間関係ができていなければ、こうした営業企画のイベントに集客することはできません。

私も前職で商社にいたとき、このような営業企画は数多くこなしました。その中で、表面上数字が上がっていても、こうしたイベントになるとまったく顧客を動員できない営業マンが多くいました。このような営業マンは、その後景気が悪くなると大きく数字を落とし、あるいはじわじわライバル企業にシェアを奪われるなど、営業力の低さを露見させていきました。このようにルートセールスの場合、担当顧客さえよければ表面上の数字は上がります。これは注意が必要なことです。

ですから、営業マネージャーは各営業マンの営業力を測定するうえでも、こうしたプライベートショーやツアーなどの企画を行なってみるべきでしょう。

また営業マンの立場で考えれば、こうした企画に積極的に集客することで人間関係を深めることができます。営業マンとして、こうした営業企画には積極的に参加していくべきでしょう。

BAD
お客と人間関係ができていない営業
ちょっと忙しいから無理だね！
その前にふだんの営業をきちんとやれよな…
今度、当社主催のプライベートショーがあるのですが、いかがでしょうか？

GOOD
人間関係で集客できる営業
へー、モチつき大会もあるのか…子供を連れて行こうかな…
彼の頼みなら行ってやろうか…
ぜひ来てください！
今度、当社主催のプライベートショーがあるのですが、ご家族様もいかがですか？

10-6 顧客フォローのためのWeb戦略

Webは、新規開拓に利用できるだけではありません。顧客との関係性を強化するうえでも、Webも重要なツールと言えます。

たとえば顧客を初回訪問した後、こちらのホームページを見られているケースは多々あります。また、継続的取引を行なっていても、意外と顧客はこちらのホームページを見ているものです。

たとえば、私の顧問先のある地域密着型の商社は、自社のホームページに〝ブログ〟を入れ、社員が自由にブログへの書き込みを行なっています。「○○湖へ釣りに行ってきました」、「ペットの子犬がこんなに大きくなりました」など、日々の出来事が書き込まれているのです。すると、営業マンが顧客に訪問した際、「おたくの○○さん、釣りが好きなんだって?」と、お客の側から話しかけられることが増えたそうです。こうしたブログで公開されている情報を通してお客の趣味がわかるなど、人間関係が深まるきっかけが生まれたのです。

そこでその商社では、全社員の名刺に「社員ブログ毎日更新中!」とコメントを入れ、お客に配るようにしました。今では毎日200人近い人が、この会社のホームページに訪れるようになりました。

このようにWeb上のホームページも、顧客との関係を強化するうえで重要な存在と言えるのです。

とくに前述の商社のように、ホームページ内にブログを組み込み、営業マンにもブログに参加してもらうようにすれば、ホームページも日々更新され、営業面でも効果が上がるようになります。ブログの内容はプライベートなものになりますから、お客がそれを見てくれれば、お客のプライベートな情報も得やすくなるのです。

逆にまずいのは、ホームページをせっかく立ち上げても、まったく更新がされていないケースです。たとえばホームページの更新が1年前で止まっていたら、それを見た人は「この会社、大丈夫なのかな?」、あるいは「いい加減な会社だな」とのイメージを持たれかねません。ホームページの更新はできれば毎日、最低でも月1回は行なっていく必要があると言っていいでしょう。

BAD
顧客フォローを意識していないWeb展開
う〜ん、あの会社のホームページ、1年以上更新されていないぞ…
大丈夫かな…
さっきの人も頼りなかったし…
別の業者にあたりましょうか？

GOOD
顧客フォローを意識したWeb展開
社員ブログ
○×湖に行ってきました！
へー、あの人釣りをするんだ！
ホームページもきちんとしてるし、信頼できそうな会社ね！

10-7 顧客フォローの決め手はフライヤー

新規開拓を中心にした営業パターンの場合、営業活動は以下のような流れになります。まずは最初のステップとして、Ｗｅｂやダイレクトメール、あるいはイベント等を企画して見込み客を「集客」します。次に、集客したお客に対してアプローチして「クロージング」をかけます。クロージングの結果「受注」に至れば、そのお客は継続的取引が前提の〝顧客〟となります。しかし、受注できなければ「事後フォロー」の対象となります。

集客 → クロージング → 受注
**　　　　　　　　　　 → 事後フォロー**

一般的に、商談が発生したお客にクロージングをかけて受注できる確率は、ベテラン営業マンの場合で30％程度とされています。ということは、大半が「事後フォロー」対象のお客となるわけです。しかし、何が原因で「受注」できたのかと言うと、その理由の大半が〝タイミング〟ではないでしょうか。すなわち、〝タイミング〟がよければ受注できるし、タイミングが悪ければ受注できないのです。ということは、「事後フォロー」対象のお客にも継続的にフォローをし続ければ、いつかは受注できることになります。

このように「受注」に持ち込むための事後フォローツールが〝フライヤー〟です。〝フライヤー〟とは、紙面上に引合いにつながる情報を掲載し、郵送かメール便で「事後フォロー」対象のお客に送付するものです。〝フライヤー〟は、一見するとニュースレターのようにも見えます。ただし、ニュースレターが単なる情報発信目的であるのに対して、フライヤーは明確に〝商談を発生させる〟ことを目的としています。そこがニュースレターとフライヤーとの違いです。フライヤーの優位性は、その〝フォローコスト〟にあります。たとえば、営業マンが事後フォローを行なおうとすると、営業マンにかかる人件費や固定費を時間割で考えると、1件あたり3～10万円程度のコストがかかります。しかしフライヤーであれば、わずか１００～２００円程度のコストしかかからないのです。

顧客リストを生かしていない営業

BAD
せっかく顧客リストがあるのに、ウチは活用できてないんだよな…
う～ん
顧客リスト
なら社長！フライヤーをやりましょう！
フライヤー
これがサンプルです！

顧客リストを生かしている営業

GOOD
それはいい！
営業マンのフォローコスト → 1カ月の可動日数
60万円 ÷20日 ÷5件 → 1日の訪問件数
1カ月の人件費＝ 6000円/件
1/60 のコスト！
フライヤーのコスト＝ 100円/件
フライヤー
このように、フォローのコストで考えても、フライヤーは効果的です！

10-8

フライヤー製作のポイントとは

フライヤーの一般的な構成としては、下図の要領になります。紙面はA4サイズ×4ページの構成。さらに、資料請求と引合い獲得を目的としたFAX返信用紙を同封して送付します。

紙面の構成としては、以下の要領になります。

【1ページ（表紙）】

表紙上半分は「今月のコラム」というテーマで、季節感と地域特性を前面に出したコラムを掲載します。

コラムには女性社員の顔写真を掲載するなどして、読む人のガードを下げさせるようにします。表紙下半分は「社員紹介」のスペースにすればいいでしょう。

【2ページ（中面1）】

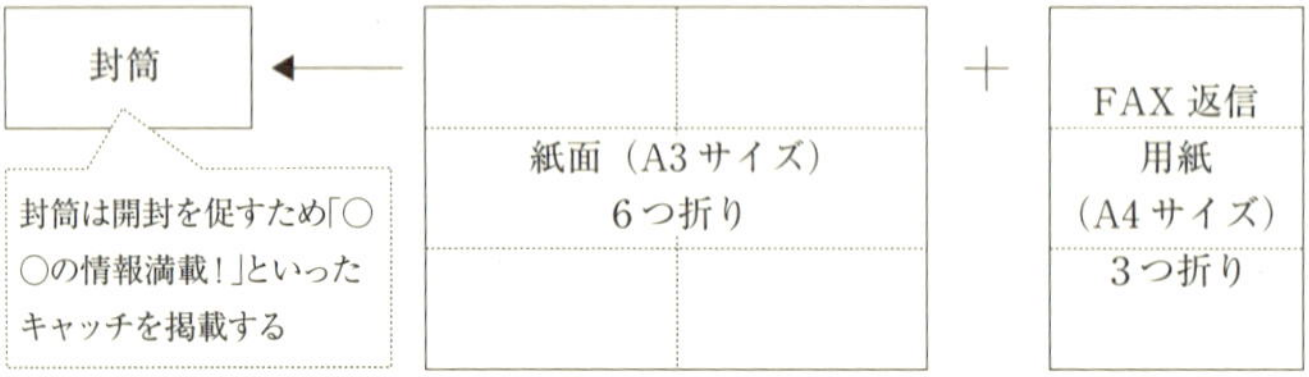
FAX返信
用紙
（A4サイズ）
3つ折り
紙面（A3サイズ）
6つ折り
封筒
封筒は開封を促すため「○○の情報満載！」といったキャッチを掲載する

自社の商品やサービスを掲載します。タイトルとしては、たとえば「今月のコストダウン情報！」等が考えられます。

この場合、自社の商品やサービスによって、いかにコストダウンが図れたか、Before・Afterで表現するとわかりやすくなります。

【3ページ（中面2）】

2ページと同様、自社の商品やサービスを掲載します。

【4ページ（裏表紙）】

裏表紙は連載物のコラムを掲載し、自社の商品やサービスへのこだわりを前面に押し出した内容とすればいいでしょう。たとえば作業工具メーカーであれば、「作業工具職人の語り」等とし、自社商品へのこだわりをコラム形式で掲載します。

フライヤーの場合も、大切なことは「売り込まず」、「ガードを下げさせ」、「顧客のメリットを訴求する」というポイントにあります。

BAD
顧客にメリットのないフライヤー
捨てときますね！
なんだ。
売り込みばっかりか…
課長

GOOD
顧客にメリットのあるフライヤー
あっ課長、
それ何ですか？
コストダウン情報か！
これはタメに
なるな…。
回覧しておこう！
課長

10-9 フライヤーを導入することによる効果

このようなフライヤーを導入することで、以下のような営業効果を見込むことができます。

①引合いの獲得

同封してあるＦＡＸ返信用紙により、資料請求や引合いを直接獲得することができるようになります。送付部数に対して、５％以上のレスポンスを目標にするとよいでしょう。

②営業時の話題となる

営業マンが訪問した際、「いつも読んでいるよ」、「いつも送ってもらってありがとう」と、営業訪問時の話題になります。同時に親近感が増し、お客のガードを下げさせる効果も見込めます。

③フライヤー回覧による人脈の広がり

フライヤーの送付先が大手企業の場合、内容によっては社内で〝回覧〟されることになります。そこで、ＦＡＸ返信用紙に「新規購読者希望の方はこちらにご記入ください」という欄をつくることによって、新たな人脈を広げるツールとして活用できます。

④イメージとしての訪問頻度アップ

フライヤーが1回届くのも営業マンが1回訪問するのも、お客が受けるイメージは同じです。場合によっては、フライヤーのほうがよりインパクトが強まる場合もあります。

⑤自社イメージの向上

フライヤーを送ることで、「しっかりした会社だ」、「元気のある会社だな」と、自社イメージを向上させることができます。

⑥社内の活性化

普段は、顧客訪問などの営業活動に参加できない営業アシスタントなども、フライヤーの制作に関わることで社員の参画意識を高まり、社内の活性化につなげることができます。

このように、フライヤーには多くの効果が見込めます。ぜひ、みなさんの会社でも実践していただければと思います。

BAD
話のネタのない営業
あのー、近くまで来たのでお邪魔したんですけど…
今日はちょっと忙しいので…
内線

GOOD
話のネタにフライヤーのある営業
あっ！いつもお世話になります！
いつもニュース送ってくれてありがとね！
ところで、こないだ出てた商品の中でね…

10-10 営業活動は複数要素の掛け算

以上のように、顧客との関係性を強化するポイントだけでも、「御礼の手紙」に始まり「各種営業企画」、さらに「Ｗｅｂ」や「フライヤー」まで、行なうべきことは数多くあります。

会社として業績を上げていくポイントは、こうした一つひとつのことにしっかりと取り組み、少しでも競合他社との差別化を図っていくことにあります。

私は、営業活動とは複数要素の掛け算であると考えています。たとえば「御礼の手紙」を書いたからといって、それだけで具体的な成果が見込めるわけではありません。それは複数要素のひとつにすぎず、それだけやればうまくいくというものではないのです。フライヤーにしても同じで、フライヤーだけを送れば受注できるわけではなく、それに加えて営業マン自身の考え方や動き方が最も受注に影響を与える要素になります。

4章で述べた服装や髪形、持ち物にしても同様で、それだけ行なえば必ず成果が出るといった要素など営業活動にはありません。営業活動とは、これら複数要素の掛け算なのです。要素の中には、係数として小さいものもありますが、それでも各要素でベストを尽くしていくことが大きな結果を得ることにつながるのです。

さらに言えば「これさえやれば絶対に効果が上がる！」と考えられることは、そもそもみんなが行なっているはずです。みんなが行なっていることを同じようにやっても差別化にはなりません。ビジネスにおいて大切なことは、「これを行なった結果、成果が出るかどうかはわからない」ことに対して、ベストを尽くせるかどうかということなのです。たとえば「御礼の手紙を書く」ということについても、かなり神経と労力を遣う作業です。

しかも、それを行なった結果、何か具体的な成果が得られるかどうかはわかりません。しかし、こうしたことに取り組める営業マンが最後は勝つのです。

会社も人も同じことですが、日々そして年々成長していかなければなりません。ぜひ常に新たな取組みにチャレンジする前向きな気持ちを大切にしていただきたいと思います。

BAD
結果が見えないことはしない営業
カキーン
○×選手打った～
会った人には
お礼状を出せ
だなんて…
営業の本
そんなんじゃ
ダメだよ！
ホントに
効果あるのかよ…

GOOD
すべての要素にベストを尽くす営業
とにかく
可能性のあることは
全部やろう！
さすが！
ベストを
尽くさなきゃ！
チュ～
お礼の手紙

著者略歴

片山 和也（かたやま かずや）

株式会社 船井総合研究所　戦略プロジェクト本部グループマネージャー　シニアコンサルタント。経済産業省登録　中小企業診断士（登録番号 401458）
法人営業を主体とする企業全般の経営支援に携り、船井総研における同分野の支援実績ではトップクラス。中長期経営計画の策定、マーケティング戦略の策定、営業戦略の策定など、コンサルティング実績多数。営業マン研修・マネージャー研修も多数実施。生産財マーケティング情報サイト“ジャパン・エンジニアリング・マーケティング.COM”の運営責任者。
著書として『必ず売れる！　生産財営業の法則 100』（同文舘出版）、『はじめて部下を持ったら読む！営業マネジャーの教科書』（ダイヤモンド社）などがある。

上手な「商談」のつくり方・すすめ方

平成 21 年 5 月 8 日　初版発行

著　者――片山和也
発行者――中島治久

発行所――同文舘出版株式会社
東京都千代田区神田神保町 1-41　〒 101-0051
電話　営業 03（3294）1801　編集 03（3294）1803
振替 00100-8-42935　http://www.dobunkan.co.jp

ISBN978-4-495-58411-5

印刷／製本：萩原印刷　Printed in Japan 2009